문학과지성 시인선 403

캥거루는 캥거루고 나는 나인데

최정례 시집

문학과지성사

문학과지성사에서 펴낸 최정례의 시집

레바논 감정(2006)

문학과지성 시인선 403
캥거루는 캥거루고 나는 나인데

초판 1쇄 발행 2011년 11월 11일
초판 7쇄 발행 2025년 2월 24일

지 은 이 최정례
펴 낸 이 이광호
펴 낸 곳 ㈜문학과지성사
등록번호 제1993-000098호
주   소 04034 서울 마포구 잔다리로7길 18(서교동 377-20)
전   화 02)338-7224
팩   스 02)323-4180(편집) 02)338-7221(영업)
전자우편 moonji@moonji.com
홈페이지 www.moonji.com

ⓒ 최정례, 2011. Printed in Seoul, Korea

ISBN 978-89-320-2247-5 03810

이 책의 판권은 지은이와 ㈜문학과지성사에 있습니다.
양측의 서면 동의 없는 무단 전재 및 복제를 금합니다.

문학과지성 시인선 403
캥거루는 캥거루고 나는 나인데

최정례

2011

시인의 말

어쩌다 나는 시에게 평생을 갚아도 다 못 갚을
빚을 지고 이렇게 쪼들리게 되었는지 모르겠다.
내가 가진 것보다 더 많은 것을 바쳐야만 되는 시에게.

2011년 11월
최정례

캥거루는 캥거루고 나는 나인데

차례

시인의 말

제1부

호랑이는 고양이과다   9
팔월에 펄펄   10
캄캄한 그 어디   13
산갈치   14
캥거루는 캥거루고 나는 나인데   16
벙깍 호수   18
창문들   20
줄   23
스윙 댄스   24
바람둥이가 내 귀에   26
이름을 부를 때까지   28
당신을 이해해   31

제2부

꽃 핀 저쪽   35
화라지 송침   36
얼룩덜룩   38
아보카도 씨   40

논 43
도둑들 44
작전 46
누가 칵테일 셰이커를 흔들어 48
저녁의 수퍼마켓 50
떠돌이 개 52
어리둥절 55
굴비 57
로데오 구경 59
있었다 61

제3부

우주의 어느 일요일 67
?? 68
영원한 휴일 70
공작새 72
착각하고 봄이 왔다 73
섬데이 라라라라 따라라 75
몽롱의 4월 77
기다려 기다려줘 79
여름풀 82
잠의 들판으로 83
한 줄기 넝쿨이 85
저무는 봄날 87
입술 88

제4부

모란의 얼굴 91
생각의 까마귀 떼라 92
춘투 94
구두와 열쇠 96
당신 발바닥 쓰시마 섬 같애 98
너는 내가 아니다 101
선인장 앞에서 104
거위와 말했다 106
늪과 시 108
거대한 식당 110
번쩍 112
석양 114
누가 내 안에 116
어디 먼 데 117
홍수 뒤 118

해설|이제 그의 시계는 오른쪽으로 돈다 · 함돈균 121

제1부

호랑이는 고양이과다

고양이가 자라서 호랑이가 되는 것은 아니지만
장미 열매 속에
교태스런 꽃잎과 사나운 가시를 감추었듯이
고양이 속에는 호랑이가 있다
작게 말아 구긴 꽃잎같이 오므린 빨간 혀 속에
현기증 나는 노란 눈알 속에

달빛은 충실하게 수세기를 흘러내렸을 것이고

고양이는 은빛 잠 속에서
이빨을 갈고 발톱을 뜯으며
짐승 속의 피와 야성을
쓰다듬고 쓰다듬었을 것이고

자기 본래의 어두운 시간을 가만히 바라보는 것처럼
고양이,
눈 속에 살구빛 호랑이 눈알을 굴리고 있다
독수리가 앉았다 날아가버린 한 그루 살구나무처럼

팔월에 펄펄

팔월인데 어쩌자고 흰 눈이 펄펄 내렸던 걸까
어쩌자고 그런 터무니없는 풍경 속에 들었던 걸까

창문마다 흰 눈이 펄펄 휘날리도록
너무 오래 생각했나 보다
네가 세상의 모든 사람이 되도록
세상의 모든 사람 중에 하나가 되어 이젠
얼굴조차 뭉개지고
눈이며 입술이며 머리카락이며
먼지 속으로 흩어지고

비행기는 그 폭설을 뚫고
어떻게 떠오를 수 있었을까
소용도 없는 내 조바심
가닿지도 않을 근심을 태우고

오늘은 자동차에 물건들을
밀어넣고 차 문을 닫았는데 갑자기

열쇠가 없었다

생각이 나지 않았다
망치 소리 같은 게
철판을 자르는 새파란 불꽃 같은 게
나를 치고 지나갔고

내가 무슨 짓을 한 것인지
길을 되짚어 다니면서 물었다

무엇이 할퀴고 지나간 다음에야
그것이 무엇이었는지 묻게 된다

달리는 오토바이가 굉음을 내면서
바람도 없는데 서 있던 나무는
갑자기 이파리를 부풀어 올리고

그때 어쩌자고 눈발은 유리창을 때리며 나부꼈나

세상에 열쇠라는 것은 없다
가방도 지갑도 머릿속도 하얗게 칠해지면서

여름의 한중천에서
흰 눈이 펄펄 내리고 있었다

캄캄한 그 어디

풀숲에서 울던 꿩이
오늘은 높은 나뭇가지에 앉아
꿱꿱 소리친다

어디 멀리서 온 것처럼
복사꽃이 피었다

화투장의 그림같이
아니, 그곳엔 꽃 피는 숲도 없고
새도 소리쳐 울지 않는다

캄캄한 그 어디에서 갑자기 솟아난 꽃나무

이 세상에 아무도 없을
최후의 날에
혼자 서 있는 꽃나무처럼

산갈치

 산갈치라는 것이 있다는 걸 오늘 처음 알았다. 물고기라기보다는 다른 세계에서 잘못 온 짐승 같았다. 열 명의 남자들이 줄줄이 서서 한 마리 산갈치를 서핑 보드를 끌어안듯 안고 있었다. 내가 잠깐 다른 세상에서 깨어난 것일까? 한밤중에 깨어 모니터를 본 것인데 산갈치라니. 그의 눈은 죽어서도 고요하게 깊은 산을 바라보고 있다. 저녁놀을 풀어놓은 바다를 배경으로 기다란 등지느러미를 펼쳐놓고, 가보지는 않았지만 금강산 일만 이천 봉, 그런 산세의 기염을 어설프게 모방하려다 만 쓸쓸한 표정이다. 바닷속에 있는 더 깊은 산속 거긴 무엇하러 기어든 것인지. 불을 뿜었던 화산을 마치 산호초 난만한 자기 꽃밭인 양 가꾸며 그렇게 한 천년 살아보려고? 심해의 칠흑 같은 밤, 나는 기다란 것에 불합리한 공포심을 가지고 있다. 기다란 밧줄, 기다란 머리카락, 기다란 철로길 그리고 오늘 이십 미터가 넘는 산갈치. 그런데 슬플 것도 없는 이것들이 뭐가 이렇게 슬픈가. 느닷없이 산갈치가 나타나고 이틀 후 거대한 쓰나미가 왔다고 한다. 길고 긴 것이 어딘가에서 잘못 온 것처럼 누워 있는데, 가끔은 나무에 올라가 걸려 있기도 한다는데 그도 자기가 무엇인지 모르고 있다.

캥거루는 캥거루고 나는 나인데

내 속에 캥거루가 있다면 믿지 않겠지요
나 자신도 믿을 수 없으니까요
캥거루가 새끼를 주머니에 안고 겅중겅중 뛸 때
세상에 별 우스꽝스런 짐승이 다 있네
그렇게 생각했지요
하긴 나도 새끼를 들쳐 업고
이리저리 숨차게 뛰었지만
그렇다고 내 속에 캥거루가 있다고 말하면
안 되겠지요
TV에서 캥거루가 권투를 하는 걸 보았어요
사람이 오른손으로 치면
캥거루도 오른손을 뻗어 치고
왼손을 뻗으면 다시 왼손으로 받아치고
치고 받고 치고 받고
사람이나 캥거루나 구별이 안 되더라구요
호주나 뉴질랜드 여행 중 느닷없이
캥거루를 만나게 된다면 나도 모르게 앞발을 내밀어
악수를 청할 수도 있겠더라구요

나는 가끔 쓸데없는 걱정을 많이 하는 편인데
캥거루 주머니에 빗물이 고이면 어쩌나 하는 식으로
우리 애들이 살아갈 앞날을 걱정하지요
한번은 또 TV에서
캥거루가 바다에 빠진 새끼를 구하려다
물속으로 따라가 빠져 죽는 장면을 보여주더라구요
그 주머니를 채운 물의 무게와
새끼의 무게를 가늠하다가
꿈에서는 내가 물에 빠져 허우적거리기도 했지요
캥거루는 캥거루고 나는 나인데
한밤에 이렇듯 캥거루 습격을 당하고 나면
영 잠이 안 오지요
이따금
캥거루는 땅바닥에 구멍을 판다고 하더군요
그러고는 그 구멍으로 아무것도 안 한다네요
나도 쓸데없이 구멍을 파고
아무것도 안 하게 되네요
캥거루는 캥거루고 나는 나인데

벙깍 호수

오늘 작가회의로부터 이상한 문자를 받았다. *시인 최정례 부음 목동병원 영안실 203호 발인 30일.* 평소에도 늘 받아 보던 문자다. 그런데 아는 사람이었고 내 이름이었다. 실수임을 인정하는 정정 문자가 다시 오겠지 기다리며 그냥 있었다. 남편에게 전화해서 웃긴다고 말했더니 남편의 말이 그것은 시인의 죽음이지, 당신은 시인이 아니잖아 했다. 그러고 보니 그렇다. 딸애에게 내가 죽으면 제일 걱정되는 것은 자개장롱과 돌침대라고 했다. 딸애는 걱정 말라고 했다. 자기가 쓰겠다는 것이다. 그런데 그건 거짓말이다. 방 안 전체를 차지하는 이 무거운 구닥다리를 그애가 쓸 리가 없다. 남 주거나 팔아버리지 말라고 했다. 딸애는 자기를 못 믿는다고 벌컥 화를 냈다. 작가회의에 전화해서 항의할까 하다 그만두었다. 회의에 참석한 적도 없고, 절친한 사람도 없는데 누구에게 내가 살아 있다고 주장할 것인가. 어쨌든 나는 살아 있으면 되는 것 아닌가. 살아 있다. 난 정말 살아 있다. 그런데 궁금했다. 집 앞 문간에 의자를 내놓고 하루 종일 앉아 있는 사람들, 동남아시아 어디쯤에서 그런 사람들을 보았다. 나도 하루 종일 아무 일도 안 하고 그냥 그러고 있다. 왜 벙깍 호수라는 이름이 갑자기 떠올랐는지 모르겠다. 그 호수는 매립되어 사라졌다고 한다. 택시를 타고 그 호수에 데려다달라고 했더니 운전수가 한 대답이었다. 벙깍 호수에도 못 갔고 플리즈 원 달러를 호소하는 애들에게 일 달러도 안 준 나다. 한 번 주면 오십 명은 달라붙는다고 해서 못 줬다. 이상한 핑계를 대면서 나는 살아 있다. 친구들에게 전화해서 살아 있다고 말할까 하다 그만두었다. 친구들은 바쁘고 헛소리는 들어주지도 않는다. 나는 그냥 앉아서 지금은 사라졌다는 벙깍 호수만 그려보고 있다.

창문들

다른 세계를 거쳐 다시 돌아온 것일까
철로 변에서
처마도 문짝도 흔들리는 집

어둠을 맡겨놓은 창고를 지나면
또다시 그런 창문들이 다가온다

공터에서 확성기로 외치는 행상의 소리를
달리는 전철이 휙 날려버린다
전철 지날 때마다 무리무리 쓰러지는 잡풀 너머
섬광처럼

한 창에서는 남자들이 몸을 단련하고 있다
팔뚝 근육을 부풀리며 자 내 알통을 만져봐
손이 닿지 않는 그곳에서
샌드백을 두드린다
무거운 역기를 들었다 팽개친다
고정된 자전거 페달을 돌리고 있다

마지막이니 준비하라는 연락을 받고
문병하고 돌아가는 길이다
온몸에 암세포가 번져 모르핀을 맞고 있는 이모
아무도 알아보지 못하고 주먹만 꽉 쥐고 있었다

멀리 학교가 보인다
교문이 있고 운동장이 있고 교실이 있다
아이들이 보이지 않는다
이상하다

며칠 전에는 취직이 되었다고
남쪽 어딘가로 기차를 타고 가는데
잘못 탔다고도 하고
이미 지나갔다고도 하고
그런 역은 이 세상에 없다고도 하는
꿈을 꾸었다

상록수, 반월, 대야미, 수리산
역의 이름들이 꾸는 꿈은 허황, 찬란하고
누구인가, 쉬지 않고 바퀴를 돌리게 하는 자는

줄

사람들이 뛰고 있었다. 나도 뛸 수밖에 없었다. 무슨 일인가요? 모르겠는데요. 남들이 줄 끝에 서기에 나도 섰어요. 무슨 줄인가요? 잘 몰라요. 얼마나 기다리게 될까요? 글쎄요. 몇몇 여자들이 뭔가를 들고 가면서 자기들끼리 떠들었다. 90%라고 하지요? 왜 그렇게 한대요? 모르겠어요. 저는 처음인데요. 몇 시간 기다렸어요? 무작정 서 있었어요. 오가는 말들의 저 끝에서 누군가 나를 향해 웃고 있었다. 나를 안다는 듯이 손을 흔들었다. 나도 손을 흔들어주었다. 어디서 본 듯한 사람이다. 지난번 만났을 때하고는 전혀 다른 모습이네요. 그가 알고 있다는 것이 누구인지, 무안할 정도로 그는 나를 잘 알고 있다고 했다. 얼마나 기다릴 거예요? 그냥 기다리고 있는 거예요. 무엇인데요? 글쎄, 기다려봐야 알 것 같아요. 그의 이름이 도저히 생각나지 않았다. 내가 누구에게 손을 흔들었던가 싶었다. 그때 사람들이 흩어지기 시작했다. 왜요? 끝났어요? 300명까지만 들어갈 수 있다네요. 무엇이었는데요? 앞쪽에서 누군가 물었다. 코끼리 삼겹살 아니었나요?

스윙 댄스

그 모호한 뭉게구름 속에는
예를 들어 이런 말도 있다

당신이 원하는 걸 말해봐, 다 들어줄게

그럼 난
구름 뚫고 지나가는 조용한 비행기처럼
이렇게 말해본다
내 소원은 남북통일이야

금요일 아침에 떠나
금요일 아침에
딴 나라에 도착하는 그런 비행처럼

사막을 지나 바다를 건너
하루 종일 날아가도
오늘은 아직 오늘인 그런 나라로 가는 것

금요일 아침에 떠나 금요일 아침에 깨어나는
오늘과 오늘 사이

내일을 산 적은 없지만
내 소원은

머리에 꽃을 꽂고 북당나귀라는 별에 내리는 것
꿈이 현실과 스윙 댄스를 추는 것

바람둥이가 내 귀에

처음엔
바람둥이가 내 귀에 퍼붓는 유혹의 말인 줄 알았다
홀연 나타나 터질 듯 익은 말을 쏟는 열매들
참을 수 없는 거짓말 같았고
너무나 진짜라서 가짜 같았고
웃는 얼굴을 한 울음이었다

제 가지를 찢으며 매달린 검붉은 체리
허겁지겁 달려들어 따기 시작했는데
안 보이는 벌판 끝까지 이어진
무릉의 체리 밭인 줄은 몰랐다

무릉은 남의 나라
이런 식으로 펼쳐져 내 가난을 욕보인다

애걸복걸의 형식으로 시작되어
갈 테면 가라 울 테면 울어라로 끝나는
연애 사건 뒤의 빗줄기

빗줄기 뒤의 아찔한 햇빛같이

어른거리는 잎새와 촘촘히 매달린 체리나무 아래서
꿈이 아니라서 다행이야
그러나 뭐 이따위 현실이 다 있어
다 딸 수도 없고 두고 가지도 못할 이런 꿈 같은

가질 수도 내칠 수도 없고
울지도 웃지도 못하고

현실이지만 꿈 같은 장면 앞에서
슬픔이 망아지 새끼처럼 뛰어들어와서는
내 나라의 가난을 다시 고한다

이름을 부를 때까지

　35번 방에서 시력 검사를 하고 36번 방에서 안약을 넣고 안압 검사를 하고 37번 방 앞에서 이름을 부를 때까지 기다리라고 했다. 이윽고 간호원이 이름을 부르더니 동공 확장 약을 넣었다. 수납을 하고 오라고 했다. 자동 수납기가 말을 했다. 진료 카드를 넣어주세요. 신용 카드를 넣어주세요. 비밀번호를 누르세요. 시키는 대로 다 했다. 영수증을 받아 간호원에게 가니 뭔가 잘못되어 시신경을 다시 찍어야 하니 수납원에게 다시 다녀오라고 했다. 여러 개의 방을 지났다. 코너를 돌고 또 돌았다. 수납이라고 쓴 화살표가 사라졌다. 대신 화장실 표시가 나타나서 들어갔다 나왔는데 이상했다. 무엇을 하러 왔는지 잊어버렸다. 황량한 벌판이었다.
　한 여자 울고 있었다. 유모차를 붙잡고 우는 여자를 노부인이 달래고 있었다. 다른 병원으로 가보자. 부처손이라는 게 있다던데 그걸 달여 먹여보자. 못할 일이 뭐가 있겠니? 깊은 산속으로 가면 부처손이 있다. 엄마, 못 본다고 하잖아요. 아기 눈에 아무것도 안 보인다고요. 유모차에는 아기가 세상모르고 잠들어 있었다. 청바지를 입은 아직 처녀라고 해도 좋을 어린 엄마가 엎드려 울고 있다. 생명을 받은 대가로 생명을 몽땅 바쳐야만 하는 인생아, 어린 엄마가 울고 있다. 여기서 더 이상 문장을 만들지 말라고 입 닥치라고.

당신을 이해해

그들은 방아를 찧고 있었다
닭은 부리를 내밀고
강아지는 주저앉고
오리는 엉덩이를 흔들며
여인의 방아 찧는 장단에 맞춰
고개를 주억거리고 있었다

꼭 국어책 크기만 한 흙 마당이었다
개와 오리와 닭과 여인
맷돌과 디딜방아
그들은 한식구가 되어
소꿉장난처럼 지내고 있었다
한나라 때의 무덤에서 나온 토우라고 한다
맷돌에서 곡식 가루는 쉬지 않고 흘러내리고

침묵은 그 세상에서 어떤 말보다 적합한 노래
이해란 제 속에서 솟는 샘물을 길어
서로에게 부어주는 것

개와 닭과 여인과 맷돌이
이 모든 것 죽어서야 이해하게 되었다는 듯이

제2부

꽃 핀 저쪽

가끔은
나무 뒤에서 사슴이 튀어나오더군
그렇게 말하고 싶었어요

그러나 영
튀어나오지 않으면 어쩌나

그래도 한 번쯤은 튀어나오지 않겠어요

사슴이 튀어나와 어리둥절했고
그 순간
나도 사슴의 뿔을 뒤집어쓰고 있었다구요
무거운 줄은 몰랐어요

정말로 그렇게 말하고 싶었어요

화라지 송침

이게 도대체 말이 되는 얘긴가
나는 그 여자에게 언니 언니 부르면서
샴푸도 가져다 달라고 하고
내가 벗어놓은 옷도 빨게 하면서
나 또한
그 여자가 낳은 아기
울며 보채는 그 아기를 달래며 씻기고 있었다
그 여자가 시장에 간다고 나간 동안
웬 시커먼 강도들이 대문을 부수면서
들어오려고 해서
나는 무서워 벌벌 떨면서 대문을 꽉 붙잡고 있는데
또 다른 청년들이 뭔가를 배달해왔다
그 언니가 사서 보냈다는 것이다
그것은 타이어를 잘라 만든
계단 깔개 같은 것이었다
이런 걸 집 안 어디에 둔단 말인가
별 이상한 물건을 다 배달시켰네 하면서
그래도 시커먼 강도들이 무서워 그 배달원에게

저 강도들을 쫓아달라고 부탁을 하는데
가만히 생각해보니
내가 언니, 언니라고 불렀던 그 여자
시장에서 뭔가를 배달시킨 그 여자
빈집이 무서워서
빨리 오기를 기다리고 있던 그 젊은 여자는
남편의 여자였다
나의 남편과 살고 아기를 낳은……
도대체 이게 말이 되는 얘긴가
무슨 이런 꿈을 꾸느라
직장에 지각까지 하면서 끙끙대고 있었단 말인가
나는 화라지 송침이라고 중얼대며 깨어났는데
백석 같은 평안도 사람이나 쓰는 이 말
솔가지를 꺾어 단으로 묶은 땔감이라는 이 말
그렇다면
화라지 송침이 단째로 들어간다는 아궁이란 누구?
도대체 무슨 상관이 있다고 꿈의 끝자락에서
이 말을 중얼대고 있었던 것일까

얼룩덜룩

말해볼까, 말해도 될까?
망설이는 사이
그는 에스컬레이터에 실려 올라가고
나는 내려가고 있었다
층계를 바꿔 타고 뛰어올라갈까
분명 그 얼굴인데

어깨는 가라앉고 몸통은 굵어졌고
무엇보다도 다른 표정의 인간이 된 그
그가 쥔 비닐 봉투 속에
우루사 약 상자가 흔들리며 따라가고 있었다

그러나 이런 생각
봄볕 받아 길에 누운 나무 그림자
그림자 밟고 지나가면
잠시 내 몸에 얼룩덜룩 올라섰다가
에라 모르겠다
다시 눕는 나무 그림자처럼

이런 생각은 길 위에서나 잠깐
잠깐 하고
우리는 계속해서
가던 길이나 가는 거겠지

종이컵에 빨대 꽂아 커피나 주스를 빨면서
빈 컵 바닥을 빨대로 더듬다가
마지막 공기 빠지는 소리 들리면
컵 구겨 내던져버리면서

아보카도 씨

잠을 자고 있다고 생각했는데 방 한쪽이 환해졌다. 누군가 나를 보고 있는 것 같았다. TV가 켜져 있었다. 분명 리모컨으로 TV를 끄고 잠을 잤다고 생각했는데 다시 켜져 있다니. 내가 어디에 있는지 지금이 몇 시쯤인지 짐작할 수 없었다. 전화벨 소리는 꿈속에서 들었던 것일까? 분명 전화가 오기는 왔었다.

당신 혼자 있는 거야? 누구신지요? 혼자 있는 거냐구? 아, 아니요. 누구야? 같이 있는 사람이? 네? 아, 아보카도 씨요

그러자 저쪽에서 전화를 툭 끊어버렸다. 무심코 튀어나온 이름이었다. 나 혼자 출장지의 호텔에서 자고 있다는 사실을 아는 사람이 누구일까. 영 잠이 오지 않았다. 무심코 튀어나왔던 아보카도 씨는 탁자 위에 있었다. 서울에서는 백화점 식품 매장에서나 볼 수 있는 고가의 아보카도를 여기에선 1달러에 다섯 개나 살 수 있었다. 불빛 아래 특이한 광택을 내며 우툴두툴한 아보카도가 무뚝뚝한 표정으로 나를 바라보고 있다. 남미 어느 골짜기에서 왔을 돌멩이같이 생긴 열매. 달콤하지도 새콤하지도 않으니 과일도 아니고 야채도 아니고. 그냥 심심하고 미끌미끌한 것이 아보카도의 맛이다. 남의 나라 호텔 방에서 밤에 거울을 마주하고 혼자 중얼거리며 아보카도를 먹는다? 이것은 내가 아닌 것이다.

그때 옆방에서 커다란 새가 날개 치는 소리가 들려왔다. 거칠게 숨을 몰아쉬면서 누군가를 부르고 있었다. *지니, 지니, 지니, 아, 지니,* 이어 여자의 우는 듯한 소리. 이 호텔은 벽이 너무 얇다. 오늘 밤도 잠을 이룰 수 없을 것 같다. 저 소리가 옆방에서도 들린다는 사실을 알려야만 한다. 나는 벽을 향해 큰 소리로 말했다.

아보카도 씨, 당신 왜 그러는 거야? 무뚝뚝한 그 표정 정말 못 참겠어, 뭐라고 말을 좀 해봐, 이렇게 세상에 없는 듯이 살게 해도 되는 거냐구? 늘 당신 생각을 했고 오래 기다려왔고 간절히 만나기를 바랬고. 그런데 당신 내게 얼마나 무심했는지 알아?

내 말이 들렸는지 옆방이 갑자기 조용해졌다. 쏘리

쏘 쏘리, 지니, 남자의 목소리 이후 아무 소리도 들리지 않는다. 사방이 고요해졌다. 아보카도가 그 특유의 표정으로 나를 바라보고 있을 뿐이다. 그때였다. 갑자기 누군가의 소리가 들려왔다.

    뭐라구? 지금 당신 뭐라구 한 거야? 잠자는 나를 깨워놓고는, 어찌어찌하다 내가 당신 곁에 오게 되었는데, 이렇게 되기까지 저쪽 세상에서 얼마나 오랫동안 캄캄했는지 알아? 얼마나 긴 공허였는지 짐작이나 하느냐구?

    돌멩이 같은 열매에서 튀어나와 골똘한 생각에 빠진 아보카도의 둥그런 씨가 해골 같은 자신의 껍데기를 바라보고 있었다. 사방을 둘러보았다. 분명 아보카도 씨 외에는 아무도 없었다.

논

얼어붙은 논바닥에
벼 베인 그루터기에
이목구비 다 내주고

찬비 오는데 어쩌려고
그들은 아직도 들판에 서서
실려가는 쌀자루를 바라보고 있나

꿈속에 버리고 온 아버지처럼
발목 얼어붙어서

땅끝으로 가서는 낭떠러지를 만나고
더 끝으로 가서는 자기 발등을 찍는

꿈속에 버리고 온 아버지처럼

도둑들

양말을 빨면 꼭 한 짝은 사라진다
우리가 집이라 부르는 곳에서
장롱 서랍도, 침대 밑도 아닌 그 너머
우리가 모르는 곳으로

양말 짝도 도둑처럼 날마다 진화하는가
문틀이 어긋나는 집을 떠나
허방의 나라를 발명하려고

꿈속의 한구석을 오려내고
몸을 숨기는 것들
눈 뜬 구슬처럼 사라지는 것들

화장터 굴뚝 끝에서 연기로 흩어진 이가
이것이 나다, 나야라고
말해줄 리는 없다

꿈의 계곡 자갈돌 옆에

반짝이는 구슬이 있었다
주우면 그 구슬 아래 그 아래
다 줍지 못했는데 반짝이며 굴러갔다

무엇 때문인지 눈이 내렸고
무엇 때문인지 그가 왔다 갔다

운동화 끈 하나 제대로 못 매니?
신발 끈을 묶어주던 손
아득한 계곡 속에 낯익은 손이
사라진 구슬들을 굴리고 있었다

생시처럼 왔다 갔다
한밤중에 깨어나
생각해보니 그렇다
눈인지 흰 꽃잎인지 흩날렸다

작전

과일 진열대 앞에서 포도를 만지작거리고 있었다. 포도는 향기와 색깔, 모양과 크기가 완벽하게 아름다웠다. 이빨로 지그시 그 통통한 포도알을 깨물어보았다. 씨가 없다. 임신은 했는데 아이가 없고 배만 부른 상상 임신, 실제로 그런 일은 종종 있다. 먼 나라의 햇빛과 바람의 자유가 그리워서, 불끈 주먹을 들어 혁명을 선동했는데, 무위에 그치고 만다. 그런 일도 허다하다. 칠레에서 온 씨 없는 포도의 소리, 달콤새콤한 즙과 과육을 드시고 내 씨앗을, 내 애기들을 멀리 지구 끝까지 퍼뜨려주세요. 그런 부탁이 있어야 하는데 막상 애기들은 없다. 씨를 뱉는 수고를 할 필요도 없어요. 껍질째 드세요. 이런 속없는 친절만이 있다. 뭔가 주면 반드시 받아가는 게 세상의 원리인데 말이다. 왠지 두렵지만 우리는 씨 없는 포도를 더 사랑한다. 씨 없는 포도만을 사고 씨 없는 포도만을 심고, 씨 있는 포도들을 마침내 멸종시키고 만다. 씨 없는 포도는 모른 척한다. 당신들의 혀와 입술과 그 게으른 손가락을 위해 무슨 일이든 하겠어요. 당신들이 원하는 그 무엇이든 되겠어요. 네, 네, 그래야지요. 씨 없는 포도 넝쿨은 우리를 끌고 멀리멀리 영원히 퍼져나간다. 마침내 씨 없는 포도의 왕국이 오고 우리는 누가 누구의 노예인지 알지 못한다. 그건 씨 없는 포도의 작전? 포도는 그런 말조차 모른다. 그럴 리가, 그렇게 아름답고 그렇게 어리석은 포도알이.

누가 칵테일 셰이커를 흔들어

어쩌다가
처녀도 잉태하여 아이를 낳지

어쩌다가
우리는 죄도 없이 벼락을 맞지
첫눈에 반하여 번갯불도 튀지
누가 이 배고픔을 만들어놓았는지

누가 내 속에 분자와 원자
생화학 칵테일 셰이커를 흔들어
끓는 감정을 쓰라린 모멸감을 만들어놓았는지

구름이 변종 자기 복제자를 만들듯
그리움도 평생 자기 복제를 하면서
맹목적으로 불가항력으로 헤엄쳐 가지

수 금 지 화 목 토 천 해 명 그 너머까지
어디선가 만난 듯한 낯익은 세포에게로

유도미사일처럼
그리움의 꽁무니에 따라붙지

끈질기게 배 한 척이 노 저어 가듯이
아빠의 정자가 기를 쓰고 엄마의 난자에 도달하듯이
그것이
우리가 존재하는 이유가 되었듯이

그렇게
내 몸의 10의 15승의 세포 중
이상하고 야릇한 세포 한 무리가
말미잘처럼 해파리처럼 수축하고 뻗어가다가
엉뚱한 길로 접어들었지

저녁의 수퍼마켓

이봐요, 사는 게 어때요?
나, 나 말인가요?
달걀을 고르고 있잖아요
사촌은 땅을 사서 벼락부자가 되고
우리 집은 저녁마다 떠내려가지요
왜 이렇게 달걀들은 조용한지요
생선은 무심하게 목이 잘리고
엄마는 자주 길을 잃는다는데
보청기나 끼고 계셨으면 좋겠어요
전화하면 제발 받기라도 했으면
사촌은 땅을 샀는데
나는 배가 아프고
전할 길이 없네요
이 자리엔 누구를 세워둬야 하는지
시금치는 늘 이렇게 시무룩한가요
이봐요 사는 게 어떠냐구요?
위대한 개츠비를 사고 싶은데
그는 장미 다발을 안고 파멸했지요

부엉이 눈이라도 사고 싶은데
어디서 파나요?
티셔츠 위에 대한민국 씨
지금 내, 내게 묻는 건가요?

떠돌이 개

나는 개를 키우지 않는다. 개를 좋아하는 것도 아니다. 나는 7층에 산다. 엘리베이터를 타고 내려가면 문이 자동으로 열리는 아파트에 산다. 나는 왜 이렇게 사는지 모른다. 며칠 전에는 아파트 현관을 나서는데 느닷없이 커다란 개가 내 앞에 나타났다. 한참 나를 쳐다보더니, 아파트 마당을 펄쩍펄쩍 뛰었다. 난 개들의 표정을 읽지 못한다. 배가 고프다는 뜻인지 반갑다는 뜻인지 화가 났다는 뜻인지.

나는 그에 대해 아무것도 모르면서 그를 만나기를 열망하던 때가 있었다. 오래전의 일이다. 그가 자주 다니던 길목에서 무작정 서 있었다. 신호등의 파란불이 다섯번째 바뀌도록, 버스 정거장에서 같은 번호의 버스가 여섯 대가 지나가도록. 그가 지나간 날도 있었고 아주 나타나지 않았던 날도 있었다.

이상하게도 그 개는 내가 현관을 나서기만 하면 어디선가 나타나 펄쩍펄쩍 뛰었다. 접힌 귀의 갈색 털

이 햇빛을 받아 노랗게 곤두섰다. 배는 홀쭉하고 비쩍 말라 있었다. 염소 같기도 하고 늑대처럼 보이기도 했다. 목줄이 있었다.

지금은 이름이 생각나지 않지만 그 학생은 교무실의 내 책상 위에 혹은 내 집의 문 앞에 번번이 꽃을 놓고 달아났었다. 내가 말을 걸려고 하면 어느새 사라졌다. 나도 그애가 복도 맞은편에서 걸어오면 무언가 잃어버린 것을 찾으러 가는 척 다시 교무실 쪽으로 되돌아간 적도 있었다.

그 개가 햇빛 속에서 마당을 몇 바퀴 돌다가 사라졌다. 아득한 끝, 먼지 속에서 자라나던 덤불이 느닷없이 사라지는 풍경을, 갑작스런 선을 긋고 사라지는 별똥별을 떠올렸다. 어떤 것들은 제 궤도만을 하염없이 맴돌고, 어떤 것들은 느닷없이 궤도를 이탈하여 타버린다.

나는 그 개를 기다린다. 먹을 것을 주며 말을 걸어보리라. 그러나 이제 그 개가 나타나지 않는다. 나는 그 개가 말을 하는 것을 상상한다. *이상해, 어떻게 아무것도 모를 수가 있지? 난 모든 것을 기억하는데.* 나는 그 개의 눈을 보며 말해본다. *나는 어디에서 왔니? 그리고 나는 지금 누구니? 그리고 너는 누구한테 버림받았지?* 그러나 내가 하는 말은 이상하다. 내가 이해할 수 없는 말이다. 왈왈왈 왈왈 개의 말이 되어 튀어나온다. 대답은 돌아오지 않는다.

어리둥절

　이 향기는 어디서 날아온 것인지 갑자기 가로수로 내달려 오렌지를 주렁주렁 매달리게 한다. 꽃송이를 들어 한 잎 두 잎 꽃잎을 날린다. 우연이 필연과 엉겨 기침을 했고, 그 순간이 무언가의 시작이었다는 듯이, 카발레리아 루스티카나, 어찌하여 롤라는 투리두를 잊지 못했고 어찌하여 산투차는 질투에 눈멀게 되었을까. 사랑과 배신 치정과 복수, 피가 뚝뚝 떨어져 땅에 스며들었고, 이야기는 갈대 순처럼 무성하게 허공으로 손을 뻗친다.

　잃어버린 주민등록증을 찾으러 가는데 신호등 앞에서 가슴에 띠를 두른 교회 여자들이 부활절 삶은 달걀을 내민다. 입주금만 내고 프라임빌라에서 꽃을 가꾸고 삽살개를 키우며 사세요라고 플래카드가 펄럭인다. 예쁜 여자애가 이어폰을 꽂고 걸어가면서, *그래 여섯 시에 거기에서 만나.* 허공에 대고 말한다. 그는 누구인가, 그 향기는, 그 목소리는 날아간다. 버스를 타고 택시를 타고 날개에 올라 지붕과 지붕, 신호등

과 다리, 숲을 지나 호수, 호수에 주저앉아
 다 잊어버리고 만다. 거기서 살아간다 어리둥절.
그 나라는 가로수가 오렌지나무래, 걸어가다가 손을
뻗쳐 따 먹을 수도 있대, 그래 거기서 만나.

굴비

 깼어? 왜, 안 자고 벌써? 잠이 안 와. 왜? 배가 아프고, 꿈을 꿨어. 무슨 꿈? 이상해, 산꼭대기 허름한 곳에 우리 집이 있어, 책가방을 챙기려고 들어서는데 판잣집 문간에서 신음 소리가 들려, 엄마가 앓는 소리, 엄마 왜 그래? 하고 들어서는데, 엄마가, 아니, 굴비가 식탁 위에 있어, 반쯤 먹다 남긴 굴비가, 엄마 왜 그래, 왜 그래, 그러면서 뜯어 먹었어, 퀴퀴한 냄새를 풍기며, 접시 위에 누워 있는 굴비 얼굴에 대고 뭐라고 뭐라고 중얼댔는데 못 듣는 거야.

 배가 아직도 아파? 응. 어머니 돌아가신 지 얼마나 됐지? 이 년 지나 삼 년. 그냥 꿈이야, 다시 잠을 청해봐.

 학교에 가려고 가방을 챙기는데 책도 다 없어지고, 가방 속에서도 신음 소리가 들려, 형이 싫어, 평생 절에 다니던 엄마인데, 병들어 누운 동안, 안 믿으면 지옥 간다고, 아픈 노인이 뭘 알겠어, 다 지옥이고, 아들이 신이지, 시키는 대로 믿는 거지, 목사 불러다 회개시키니, 그래, 그래, 네가 믿는 곳으로 가야지 했고, 엄마는 식탁 위에서 굴비로 누워.

로데오 구경

지나가는 빛을 향해 손을 뻗으면서
저게 희망이야, 라고 가르쳐주는 사람은 없었다
희망은 혼자 몰래 키우는 무지한 짐승
무지한 짐승 잡기 놀이

로데오 선수가 소의 잔등에서 30초도 못 버티고
내동댕이쳐지고 만다
진흙 밭에서 돼지 등에 올라타려고 기를 쓴다

미국 국가가 울려 퍼지고
카메라의 셔터가 터지는 것이
나와 아무 상관이 없다는 걸 안다
너에게 나는 아무것도 아니라는 걸 안다

북극의 얼음이 녹아내린다고 한다
남극의 빙하도
내 속에 너도 언젠가는 녹아내릴 것이다
언젠가는 이 땅이 몽땅

희망 나라의 부동산에 투자라도 한 것처럼
진흙 밭에 나뒹구는 선수에게 잠깐의 내기를 건다
나팔 불고 북을 친다
사실 난 희망 나라와 체결한 계약서 따위는 없었다

조용히 돌아와
기다리며 차려놓았던 식탁보를 벗기고
손도 대지 않은 접시를 하나하나 깨버려야 할
시간이 닥쳐온다

있었다

지금껏 이것들
쓰려고 했지만 써지지 않았던 것
그에게 가닿기를 바랐지만 닿지 못했던 것
이것들 어떡하나

그는 시 따위를 읽으며
시간을 허비할 사람이 아니니

그럼에도 불구하고
쓰는 나는 누구란 말인가?
내 육체 속에 숙박하고 있는 이 말들은
터무니없이 귀찮게 구는 이것들은

그는 물결 따라 흐르다 발목에 와 걸리적거리는
지푸라기 같은 것을 걷어내듯이
혀를 차겠지
다시 한 번
나를 수치의 화염에 휩싸이게 하겠지

엎치락뒤치락 둔갑하는 그림자처럼
터벅터벅 뒤쫓아 걷는 사람들도 있겠지
황하의 뱃사공, 라스베이거스의 곡예사,
늙은 피카소의 젊은 애인들처럼

그래 그래
이것은 있었다
빚보증 섰다가 파산한 삼촌의 울화병처럼
숨어다니며 구시렁대는 금치산자의 한숨처럼

대책 없이 무거워져서
떨어져 내릴 비구름의 형상으로

뭐라고 시작해야 할까
그에게 그에게 너에게

무수한 별들이 높은 데서 폭발하고 있는 동안에

오늘은 이렇게 초라했었다 전전긍긍했었다
속수무책으로 있었다

네가 있기 때문에 있었다
그러나 끝내 이 말은
가닿기도 전에 얼굴을 붉히리라

이 생각의 불, 불, 불은
흘러가던 붉은 구름 한 점처럼
저녁 빌딩 유리창에 걸려서
있었다 덧없이

제3부

우주의 어느 일요일

하늘에서 그렇게 많은 별빛이 달려오는데
왜 이렇게 밤은 캄캄한가
에드거 앨런 포는 이런 말도 했다
그것은 아직 별빛이
도착하지 못했기 때문이라고

우주의 어느 일요일
한 시인이 아직 쓰지 못한 말을 품고 있다
그렇게 많은 사랑의 말을 품고 있는데
그것은 왜 도달하지 못하거나 버려지는가

나와 상관없이 잘도 돌아가는 너라는 행성
그 머나먼 불빛

??

빈 상자들이 비에 젖어
일그러지며 무너지고 있다

어디서 들은 것 같다
영혼도 감기에 걸린다고

우리가 죽을 때
영혼은 자기 몸 위에 떠서 가만히 내려다본다고
한참을 맴돌고서야
어딘가로 가버린다고

담길 그릇을 잃고 영혼이 죽은 육신을
내려다볼 때의 그,

차가운 빗소리에 뼛속이 젖는다

감기에 걸려 훌쩍거리며 앓아누운 날이다
Li-Young Lee의 시에는 이런 구절이 있다

*웅크린 채 옆으로 누워 그녀의 온 엉덩이는 아주
완벽하게 나의 좌골 사이를 꼭 메우고 있었다*

이런 모습의 영혼도 있었으면 좋겠다
물음표를 물음표가 등 뒤에서 끌어안고 있는 모습

갈 곳 없어 떠도는 한 영혼을 포개 안고
??

영원한 휴일

오리들은 주둥이로 진흙 밭을 뒤지고
아이들은 그 뒤를 쫓을 것이다
그들 발부리의 흙먼지에
우리 뼛가루가 섞인 줄은 모를 것이다

아빠 빨리 와보세요 오리가 뒤뚱거려요
누구의 목소리가 거기에
섞인 것인지 알지 못한 채
허공으로 퍼질 것이다

우리 눈을 찌르며 새겼던 8월의 햇빛,
영원한 휴가를 얻은 듯
매달린 열매들을 둥글게 익혀갈 것이다
우리가 내뿜던 숨결 속에
시큼한 향기를 섞을 것이다

빈집의 벽 위에 지붕 위에
어둑한 그림자가 머물다 사라진다

나뭇잎은 나뭇잎끼리
자기 그림자를 업고 흔들리다
잎이 잎을 딛고 몸부림친다
누구 몸속에 갇혔던 폭풍인지

8월의
텅 빈 집들이 창문을 닫고 늘어서 있다
미래에서 보내온 엽서 같다

공작새

미술관 앞에서 만난 공작은
보석 반지에서나 본 초록빛 깃털을 입고 있다
뒤뚱거릴 때마다 흔들리는 벼슬은
왕자표 크레파스의 상표로 내주고
꽁지의 부챗살을 젖은 땅에 질질 끌고 다닌다
이미 아름다웠다고 더 이상 아름답고 싶지 않은
공작부인도 있었던가
그 보석 반지들은 어디다 내려놓아야 하나
자신이 새인 것을 잊어버리고
짓궂은 아이들의 발걸음에 겁을 먹고는
구석 자리를 더듬어 찾는
진창에 치마를 끄는 늙은 부인들
날개에 박힌 파란 눈알의 불꽃은 어찌할 것인가

두고 온 고향에는 붉은별이라는 전철역이 있다는데
너무 멀리 떠나온 것 아닌가
돌아갈 수도 없고

착각하고 봄이 왔다

착각하고 봄이 왔다. 네가 왔다. 아니 늑대가 왔다.
정말 늑대니? 아니, 늑대는 아니야,

그때 소년이 소리친다, 늑대가 나타났다아,
사실 늑대는 나타나지 않았다, 그때 늑대는
숨어서 말을 잡아먹고 있었거든,

그런데도 사냥꾼의 총에 맞게 되다니,
나가면 안 되는데, 착각하고 봄이 왔으니,

늑대는 경직되기 전에 껍질을 벗겨야 해,
어제 이놈이 무얼 먹었을까 위장을 찢으니,
그동안 먹었던 말과 말갈기와 말의 뼈 들이
배 속에 남아 있다가,

여기가 어디인지 모르겠다. 내가 누구의
배 속에 있는지 모르겠다.
난 가끔 내가 너인 줄 안다.

어리둥절 배 속을 보여주면서,
머리통을 두드린다. 왜 그랬니, 왜 그랬어,
왜 그렇게 되었느냐고,

그때 현실이 느닷없이 내게 전화한다, 만나자고,
2시까지 나올래? 2시 반까지 나올래?

난 안 나가, 안 나가, 안 나갈 거야,
그러면서도 나가고야 만다.

섬데이 라라라라 따라라

 섬데이 라라라라 따라라로 시작되는 노래, 어쩌면 선데이 라라라라 따라라인지도 모른다. 처음 들은 것은 차 안에서였다. 곧 그 나라를 떠나 돌아가기로 되어 있어서 쓰던 살림살이를 내다 팔려고 가고 있었다. 수천 개의 꼬마 전등을 얽어놓은 크리스마스 나무를 지나 캐럴이 쏟아지는 악기점을 지나서 〈*책상 20불, 매트리스 30불, 전기 밥솥 15불, 다리미와 다리미판 10불, 26일 출국 예정*〉을 게시판에 붙여놓으려고 서성일 때, 그때도 바람처럼 이 노래가 파고들었다. 그러나 제목도 모르고 가수도 모르고 어느 한 구절도 온전하지 않은 채 사라지는 것도 아니면서, 버려지지가 않았다.

 요란한 외국어가 빠르게 쏟아지던 틈으로 갑자기 흘러들었다. 노래의 처음은, 섬데이인지 선데이인지 라라라라 따라라였다. 이상하게 넋 놓고 있을 때만 갑자기 흘러나왔다. 선데이 라라라라 따라라 속에는 햇살이 설탕처럼 반짝인다. 풀밭에 혼자 굴러다니는 고무공, 식탁에 반짝이는 식기들, 누군가 오기로 했던, 그러나 아무도 오지 않는 집에, 바람이 펄럭, 전화벨이 울리기로 했지만, 고요한, 그런 일요일의

  섬데이 라라라라 따라라, 언젠가 언젠가는 끊어지는 다리, 계획은 장대한 날개였으나, 헬리콥터 붕붕거리며 내려앉지 않고, 붉은 먼지처럼 귓속의 그 노래도 멀리 아스라이

  귓속의 라라라라 따라라만 알려줘도 노래를 찾아준다는 사이트가 있다고 했다. *섬데이 혹은 선데이 라라라 따라라를 찾아주세요.* 써놓았다. 곧 댓글이 붙었다. *그거 혹시 섬데이 룰루 라리라 아닌가요? 선데이 라라라랄라겠지요. 아니요, 섬데이 라라라라입니다.*

몽롱의 4월

창밖으로 4월의 가로수를 바라보다가
그의 뒷모습을 보았다
갑자기 어디선가 나타난 그가
다른 사람들과 떠들며
걸어가는 것이 보였다

그는
옆 사람에게 뭐라고 뭐라고 손짓하더니
회색 건물로 들어선다
일행들은 그 자리에 서서 그를 기다리고
나는 4층 창문에 기대어
다시 나타날 모습을 기다리고

아는 사람의 걸어가는 뒷모습
소리는 들리지 않고 움직임만 눈에 들어왔다
높은 건물에서 내려다보면
아득하게 모르는 사람이 되는 너
언젠가는 다른 세상이 될 여기

이쪽 세상에서 저쪽 세상을 바라보는데

이윽고 그가 회색 건물에서 나와
걸어가는 게 보였다
이제 보니 그는 네가 아니었다
네가 아닌 그가
건물을 돌아 휘청이며 걸어가고 있었다
신록의 나무들 사이로 보이다가 보이지 않다가
멀어지고 있었다

기다려 기다려줘

버스가 내릴 곳을 지나치고 있는데
뭐라고 해야 하나
남의 나라에서 타보는 첫 버스
Please stop
Don't go
Hey, Mr. Driver
안 통하네
어떻게 내리나
어떻게 날아가나

백 년 만에 여기서 당신을 만난다면
뭐라고 해야 하나
What a coincidence!
What a small world!
오, 훌륭한 이 세상이
외면하고 날아가네

꼬마가 달려가는 버스를 세우려

Wait, Wait 외치는 걸 보고서야
들리네

백 년 만에 날아가는 버스
공중으로 뜨려 하네
Wait, Wait
떠오르지 않는 말이네
Timeless, Dream Come True
이것은 장미 정원에 핀 꽃 이름이고

새벽에 첫 버스 기사는 무얼 타고 출근했을까
별은 시큼하고 달은 일그러질 때
Day Breaker
이건 꽃 이름
Mama don't go, Daddy come home
이건 노래 구절

사람 없는 바닷가에 이르러서야

Wait, Wait

하품 끝에 눈물방울 귓바퀴로 구를 때도
Wait, Wait

여름풀

 너의 눈길 잠깐 스치고, 여름풀 무성하다 쓰러지고 눈 내린다. 혈육과 이별할 일 상상만 해도 눈물 솟지만 너와는 늘 버릇된 일이라 멀리 있지만 가슴속에도 쓰러져 있다. 천둥 벼락치는 한 십 년 또 흐르면 너의 눈길 희미해질 테고 아주 잊어버렸다가도 또 한 번 스쳤으면 바라지만 그렇지 않더라도 여름 산 솟고 가을 강 깊어지듯 너의 눈길 내 속에서 더 그윽해진다. 그 우박치던 눈빛 상상 속에서 내 것인지 네 것인지 알 수 없게 될 쯤에도 또 여름 가을 간다.

잠의 들판으로

잠의 병사들이
작은 창과 방패를 쥐고
몰려오고 물러나고

눈꺼풀 안에서
자욱하게 펼쳐지는 잠의 들판
치고받고치고받고치고받고
먼지처럼 피어오른다

어디서 왔는가?
넌 어디서?
나도 몰라
손을 잡고 구름이 되자
뭉쳐서 사라지자
그러자그러자그러자
잠의 구름 떼

느닷없이 훅

코에서 빠져나온 숨소리에
몸이 흔들리고

잠의 들판은 깨어지고
병사들은 어디론가 사라지고
찢어진 잠의 거미줄

다시 잠의 들판으로
미끄러져 들어가려고
부른다
거미줄거미줄거미줄

언젠가는 영원히 나를
잡아갈 잠의 병사들을

한 줄기 넝쿨이

어항 속의 물고기를 사람이 들여다본다고 해서
물고기가 사람의 실내를 들여다본다고 할 수는 없다

창을 기어오르다 디딜 곳을 놓친
담쟁이넝쿨 한 줄기가 창가에 걸쳐 있다
실내를 들여다본다? 아니다

나는 콩을 까고 있다
껍질은 왼쪽에 놓여지고
콩은 오른손에 잠깐 들려 있는가 싶더니
바구니에 담긴다

손이 콩의 무게를 느낄 수 없다고 해서
콩에 무게가 없는 것은 아니다

들여다보는 것을 느낄 수 없다고 해서
들여다보지 않는 것도 아니다

콩이 튀어 식탁 밑으로 달아나고
한 줄기 넝쿨은 거꾸로 매달린 물음표 모양으로
실내를 들어 올리며

이게 다 뭐냐?
고 묻고 있는 것만 같다

저무는 봄날

오늘 아무 데서도 전화 오지 않았다
끊어진 형광등을 갈고
흔들리는 의자 다리를 어떻게 하려 했으나
내버려두었다

오늘 아무 일도 하지 않았다
욕실 바닥엔 구부러진 머리카락도 몇 있었고
반찬 가게 주인이 깻잎을 사라고 했을 때
콩잎은 없느냐고 물었을 뿐이다

TV에선 어린 코끼리를 관광용으로 길들이려고
꼬챙이로 이마를 찔러 피범벅이 되는 걸 보여주었다
생각만 했다
에미 코끼리는 왜 새끼 코끼리를 낳아서

오늘 어제보다는 바람이 덜 불었고
조금 늦게 날이 저무는 거 같았고
뒤뚱거리는 의자에 그냥 앉아 있었다

입술

마음이 몸에 있지 않다면
마음 따로 몸 따로 사는 거라면
몸이 마음과 만나는 곳은
입술, 입술쯤일 것 같다

마음의 입구는 입술
마음에 없는 말을
입술이 혼자 들썩일 때
그건 마음이 모르는 마음의 심연을
몸이 먼저 알고 중얼거리는 것

아픈 몸이 마음을 부른다
통증을 건네보자고
마음이 몸을 만나
슬픔을 담아두려 하나
그럴 수가 없다
입술이 열린다

제4부

모란의 얼굴

젊고 예쁜 얼굴이 웃으며 지나가고 있다
나를 보고 웃는 것은 아니다

도착하자마자 우리도 떠나고 있는 것이다
빨간 꽃잎 뒤에 원숭이 얼굴을 감추고

일요일 아침 모두가 게으름을 피우는 사이
가자! 결의하고는 떠나고 있다

맹인의 지팡이 더듬어 잡고

생각의 까마귀 떼라

나의 밤이 너에겐 낮이고
너의 낮이 나에겐 밤이라

우리 사이엔 거대한 태평양이
누워서 파도친다

끝도 없이 캄캄한 해안가로
난폭하고 순결한 물결이
무슨 뜻을 품고 굽이쳐 오는 것만 같은데
사실 무슨 뜻이 있겠는가

내 이름조차 기억 못하는 너를 향해
전화기를 들었다 놓는 것과 같다

잠시 다른 밤 다른 낮을 살고 있는
남의 나라에서

내 나라를 향해 한껏 밀려갔다가

다시 돌아서 밀려오는데

셀 수도 없는 네가 거기 떠올랐다 가라앉는다
파도에 굴러다니는 태초부터의 자갈돌처럼
생각의 까마귀 떼라
얼굴도 몸통도 어깻죽지도 두 팔도 무너지면서

춘투

인제 원통 부근이었다
시외버스 터미널에 서성대는 군인들을 배경으로
나풀대는 치마를 입은 여자와 군인이
마주 보고 서 있었다

여자가 흩어지는 머리를 쓸어 올리며
뭐라 뭐라 했고
군인은 얼굴이 붉어지다 화를 참는 듯하더니
갑자기 자기 모자를 벗어 길바닥에 패대기쳤다

도대체 무슨 일인지
유리 차창 안에서는 그들의 말 들리지 않았다
치마가 나풀거리며 저만치 멀어져가는데
남자는 언 땅 녹아 질퍽한 길바닥만
쳐다보고 있었다

막차냐 첫차냐의 언쟁이었을까
이월과 삼월의 춘투 같은 것이었을까

여자가 버스표 같은 걸 꺼내 찢으며
신경질을 부리는데 뿌옇게

저쪽에서 무언가 번져오는 것 같았다
바람이 무수한 냉이꽃과 제비꽃을 섞어 흔들며
봄 언덕이 천천히 걸어오는 것 같았다

다시는 오지 않을 봄이라고
질척거리며 어기적거리며 심술을 부리며

구두와 열쇠

레몬나무는 열심히 레몬을 달고 서 있는데
아무도 따가지 않는다
여기는 남의 나라
겨울에도 춥지 않고 얼지 않는 나라
버스는 천천히 달리고 사람들은 느리게 걷고
레몬나무는 한없이 배부르고 따분한 나라
나를 기다리고 있는 건
빈방 의자 등받이에
혼자 걸쳐져 있는 허드레옷

그러나 내 나라 서울과 꼭 닮은 게 있다
싼파블로 가에서 버클리로 꺾어지는 길
어두운 유리 뒤로 열쇠 복제 구두 수선이라고
써 붙인 집
구두는 열쇠와 무슨 상관이 있다고
동거하게 된 것일까
서울의 그 사람처럼 없는 듯이
앉아 있는 구두 수선공

대륙의 목화밭을 일구다 놓여난 검은 노예처럼
검은 줄에 묶인 열쇠들은 진열된 구두 굽만 지키고

어제는 한 흑인이 경찰의 총에 맞아 죽었다
한밤중에도 가끔 내 몸이 흔들린다
꿈속에서도 헤매게 된다
지진이 많은 환태평양 해안 지대
조만간 백 년 만의 큰 지진이 온다고 한다
지진 대비 지침서엔
재난 뒤에 가족이 만날 장소를 정해놓으라 써 있다

무너진 건물 헤치고 살아남는다면
어디쯤 서 있게 될까
만리타국 어디서
레몬나무 앞? 구두 수선집?
열쇠와 구두처럼
무의식 속에서도 만나 부둥켜안게 된다면

당신 발바닥 쓰시마 섬 같애

이불 밖으로 삐죽이 빠져나온 당신 한쪽 발
엎어져 자고 있는 발바닥이 바다 위에 섬 같애
숨도 쉬지 않고 조용히 조용히 자고 있는 쓰시마 섬

왜구의 노략질이 심해지자
태종은 대마도 정벌을 명하였대
도요토미 히데요시도 쓰시마에 기지를 구축하였고

왜 그 생각이 나나 모르겠네
젊어 징용 가서 다시는 못 돌아온 고모부
절벽 위에 고사목처럼 살다
이제는 죽은 지 오래된 고모

바다 한가운데 엎어진 배처럼 조용히 떠서
자고 있었네
새벽에 혼자 깨어 들여다보니
참 멀리도 떨어져 나간 당신 발바닥이네

망국의 한을 안고 왜의 물은 한 모금도 안 마신다며
생으로 굶어 죽은 최익현의 발자국도
그 섬에 떠돈다는데

그러고 보니 혼자 방황하는 당신 발바닥이네
당신의 몸 가장 궁벽한 곳, 가장 쓸쓸한 곳

회사는 넘어가고 부고장은 하나둘
날아오고
술도 담배도 끊었지만 잠이 안 온다고 뒤척이더니

그 나라에서도 쫓겨나 갈 곳 없는 자들이
살던 곳이 쓰시마래
작은 섬 앞바다에 역관 백여 명을
돌풍에 휩쓸려 보내고도
대마도는 우리 땅이라고 조선 사람들은 믿었다는데

당신 발바닥은 영 딴 나라 같네

동떨어져서 낯설기만 하고
당신의 쓰시마, 쓰시마 섬

너는 내가 아니다

불빛이 바뀌기를 기다린다
빨간 신호등에서
팔 벌려 걷는 사람이 하얗게 튀어나온다

꽃은 한 번 피었는데 자꾸 또 피고
저녁이라고
라디오에선 히브리 노예들의 합창이
흘러나온다

버스 정류장에서, 맥도날드 앞에서
집을 잃고 구걸의 손을 내밀면서도
해브 어 나이스 데이를 외치는 너
너는 내가 아니다

너는 나를 모른다
안드로메다, 오토 바디, 세이프웨이 앞에서
모르는 말을 귓속에 쏟아붓는 너
수돗물처럼 킬킬거리는 너

날아가는 휴일을 망연히 내다보는 너

영원히 달려가고 열심히 출근하고
입술에 키스 키스 키스를 붙이고 사는 너희
나와는 살과 피가 다른 너희

나는 하나인데 너는 너무 많다
백 갈래로 쪼개져도 닿을 수 없다
떠돌았다, 카페 알리, 오렌지 플래닛, 아몬드나무,
지나가는 빛을 향해 가지를 뻗으며
나를 스치고 지나간다

고속도로 변에서
죽은 새끼 사슴 곁을
떠나지 못하고 머뭇대는 어미처럼

먼 곳에 갔다는 것은 없다는 것
새끼 잃은 짐승도 아니면서

이곳에서 머뭇거린다
내가 너라도 되는 듯이

선인장 앞에서

오늘 너의 말은
모래언덕의 능선을 쓰다듬는 것 같았다
달콤하고 아름다웠다

그 실루엣 뒤의 뒤에는
뒤척이는 바다가 보이고
희망을 분수처럼 내뿜는 고래도 있었다

너의 목소리 너무나 그럴듯해서
내 혀를 빼주고 싶었다
팔다리를 떼어 내던지고 싶었다

오늘
누군가는 20억을 사기당했고
신종 바이러스는 온종일 창궐했고
길가 돌멩이들은 저희끼리 울퉁불퉁해졌다

오늘의 호르몬은 아무도 모르게 상승했지만

사회적 윤리적 교육적 미학적 어떤 이유 때문에
식은땀을 흘리면서
모른 척
삼보일배 오체투지로 기어나갔고

오늘 나는
사막 한가운데 서 있었다
가시 만발한 선인장 앞에서

거위와 말했다
──아이오와에서

로데오 구경하고 돌아오는데
버스에서 잠깐 졸았다
조그만 털 강아지가 내 품으로 달려들고 있었다
웬 강아지냐고
우리말로 잠꼬대를 하는 순간
털 강아지는 다시 물병으로 변해버렸다.

우리말이 통할 리 없는 여기
입을 열면 외계인이 먼저 말을 한다
생각이 열렬할수록
말은 주문이 된다

강변을 걷다가
거위와 만났다
거위는 꽥꽥 소리쳤다
한국 거위 울음소리와 똑같았다
반가와서 다가섰더니
내 발을 콕콕 찍는 것이다

꽥꽥 그 말밖에 모르면서
그것도 자기네 말이라고
그지없이 건방진 대답을 하는 것이다

늪과 시

그곳엔 가지 말라고들 한다
빠지지 말라고도 한다
그러나 결국은 가게 된다
망설이다 결국은
깜깜한 구멍을 기어서 기어서
부득불 간다
그곳은
집은 무너지고
집의 그림자만 누워 있다
강물은 이미 흘러가버렸고
산도 절도 밥도 시도
숨어서 울게 된다
그림자만 퍼먹게 된다
그림자가 되어
쥐처럼 기어다닌다

어쩌다 빠져나온다 해도
그다음엔

농사를 지을 수도
광대가 될 수도
장사를 할 수도 없다
비굴하게나마 살아갈 수가 없다

거대한 식당

식당에 앉아 있다
플래카드가 바람에 찢어지며 펄럭이는 4월이다
최루탄이 종달새처럼 하늘 높이 솟고
우리가 깨진 유리 파편처럼 흩어지던 4월이다

서울은 넓고 그리고 한없이 좁다
해마다 봄은 왔다가 갔다
나와 아무런 상관이 없어진 너,
네가 모르는 사람이 되어 사는 이 도시
같은 하늘을 이고
우리는 한없이 커다란 식당에서 각자 점심을 먹겠지
번호표를 쥐고 자기 번호에 불이 켜지기를
기다리겠지

그릇 부딪는 소리 귀를 찢고
이 도시 전체가 식당으로 변하고
줄 끝에 네가 와서 서 있다 해도
네가 우연히 내 옆에 앉아 밥을 먹는다 해도

우리는 서로를 몰라볼 테지

별똥별이 길게 꼬리를 끌며 가다 갑자기 없어졌다
내 생각도 그런 식으로 끊어졌다
내 것도 아니고 네 것도 아닌 빛으로

우리를 안았던 시간은 삭아서 갔고 죽죽 갔고
꿈속에서는 힘도 없는 병사들이 피라미드를 쌓고
내가 쌓는 네 생각도 무너져 내리는 모래 산이다

가끔 누군가의 시선 아래 쫓겨 다니면서도
지금껏 나는 내 것인 줄만 알았다
네 눈동자와 내 눈동자가 밤 나방처럼 떠도는 서울

한없이 넓은 식당에서 커다란 쟁반 위에
국밥을 놓고 앉아 있는데 숟가락들의 아우성 속에서
뚝배기가 깊은 눈동자처럼
나를 바라보고 있는 4월이다

번쩍

중국잉어애호가협회 사람들은 잉어를 위해
기부금을 내고
황금빛 잉어들은 몸을 뒤틀어 튀어오른다
번쩍 입을 벌려 허공을 삼킨다

물 반 고기 반은 틀린 말

버드나무는 달빛 아래 늘어져서는
오리발을 괴롭히고
너무 커져버린 잉어들에게 오리는 쫓겨나고 만다
황금잉어들은 한없이 자라난다
오리만큼 고래만큼 호수만큼

고기 반 물 반 그것도 틀린 말

비행기 창으로 내다보이는 보름달이
저 아래 인간의 도시를 내려다본다
금돈을 뿌린 듯이 번쩍거린다

도시를 뚫고 내리뻗은 달빛 기둥이
강물 위로 떠다닌다
금잉어를 등에 업고 꿈에 든 인간의 도시가
강을 타고 산으로 가고 있다

석양

개미 한 마리가
몸집보다 큰 먹이를 물고 가는 것 같았다
사방은 꿈처럼 고요하고

내 옆을 스쳐 리어카에
쌀자루를 싣고 가던 사람이 있었다
온 세상을 밀며

보얗고 오동통한 쌀알이
알알이 눈을 뜨고
나를 쳐다보고 있었다

나는 쌀을 만지면서
얼마냐고 묻고 있는데
그런데 쌀자루를 밀고 가던 사람이

아버지였다
이쪽 세상인지 저쪽 세상인지

셀 수 없는 전봇대가 늘어서 있었다

쌀자루에서 눈을 떼지 못하고
홀린 듯 따라가는 내가 있었고

이미 여기에선 말이 통하지 않는다는 걸 아는지
저만치에서 지구본을 팔고 있는 남자가 있었다

아무도 지나가지 않는 길에서 그는
지구본을 늘어놓고 의자에 앉아 있었다

해가 지고 있었다

누가 내 안에

공원에 개양귀비 피었다 안개꽃과 어우러져 개양귀비 핀 언덕은 모네의 그림 같다 딴 나라 같다 이상하다 내 속에 우리나라는 험난하고 쪼들리고 국민교육헌장이나 외우라 하고 교실 바닥에 엎드려 윤내라 하고 〈불조심 강조 주간〉, 〈상기하자 6·25〉 표어 가슴에 달았나 안 달았나 교문 앞에서 감시하고, 거리마다 플래카드는 펄럭이고 먼지 속에 간판은 아우성이고 먼 나라에서 가져온 그림처럼 그럴 리 없다 누가 내 안에 이런 나라를 심어놨나 불탄 마을에선 군홧발 소리 아득하고 외양간에 엎드려 두엄 치는 아버지가 언뜻 보이고 나는 아직도 영어 단어를 외우며 걸레질을 하는데 이상하다 내 안에 심은 나라 메마른 흙 위에 쓰라린 파밭 대신 개양귀비 무리지어 흔들리다니 이상하다 아무래도 이상하다

어디 먼 데

어디 갔다 왔어?
네가 물으면
나는 꼭 어디 먼 데 갔다 온 거 같다
부엌에서 물 먹고 왔을 뿐인데
간장 사러 가게에 갔었을 뿐인데

지난여름, 허공인 줄 알고
유리창을 들이받던 실잠자리
들어오려고 들어오려고
성냥골 같은 머리통으로
수없이 그짓을 되풀이하던
투명하고 가느다랗고 가물가물하던

혹시 누구 혼백이 아닌가 싶던
그 실잠자리 생각을 하게 된다

홍수 뒤

돼지가 지붕을 타고 떠내려갔어요
붉은 흙탕의 소용돌이 속에서
내려 디딜 곳을 찾는데
내릴 수가 없었어요.

내가 살던 옛집으로 당신이 찾아왔어요
그 집 떠나온 지 수십 년이 지났는데
아직도 난 그 집에 살고 있었어요
꿈이라는 것 이런 식으로 터무니없지요

빗속에서 미등을 켠 차들이 꼬리를 물고
물에 잠겨 떠내려갔어요
남의 일, 남의 집 일처럼
한 달을 쉬지 않고 비가 내렸어요

스토커는 버림받는 것이 두려워요
스토커는 매달릴 것을 찾아 붙잡아야 해요
내가, 당신이, 우리들 스토커가

홍수에 떠밀려 가며 꿀꿀거렸어요

어떤 차들은 문득 지붕 위에도
넙죽 올라가 앉아 있었고
홍수 지난 뒤 찬연한 햇빛 속에서
냄비와 이불, 옷가지들이
서로를 끌어안고 뒤엉켜 있었어요

그처럼 적나라하게
허드레옷을 입고 있는 내게 다가와
당신이 다정하게 말을 걸었는데
거긴 무너진 옛집이었어요

금새 알아챘지요, 꿈이라는 것
스토커는 자신을 사랑할 수가 없어요
스토커는 남의 집 환한 불빛만을 쳐다봐요

돼지가 지붕을 타고 떠내려갔어요

오래전 얘기지요
제발 부탁인데
지금 어디야? 그런 것 묻지 말고
내버려두세요
하류로 하류로 떠내려갔으니

다음 생엔 당신이 시를 써요
당신이 떠내려가며 꿀꿀거려요
그 집은 팔아버렸고 주소도 사라졌어요

|해설|

이제 그의 시계는 오른쪽으로 돈다

함 돈 균

　최정례의 세번째 시집 『햇빛 속에 호랑이』(세계사, 1998) 해설에서 문혜원은 "아무것도 아닌 표정으로/아니야 아니야/흔들리는 것"(「드디어」)이라는 표현을 이 시집의 핵심 언술로 지목한 바 있다. 그에 따르면 이 표정은 "생의 울음과 분노와 슬픔을 감추"(려)는 표정이다. 확실히 최정례의 시에는 이 지적에 부합하는 그만의 독특한 화법과 태도가 있다. '최정례 식 시치미 떼기'라고나 할까. 특이하게도 최정례의 시에서는 개인적 상처와 불행의 기억들이 해체나 극복의 대상이 되기보다는, 천연덕스러운 위트와 아이러니한 시선 비틀기를 통해 일정한 거리 두기의 대상으로 반복·변주되는 경향을 보여왔다. 그러므로 상처와 불행의 기억들은 전적으로 1인칭의 것이라기보다는 3인칭적인 것을 포함하는 것이기도 하다. 이러한 태도가 즉각

적으로 야기하는 효과는 무엇보다도 감상의 유출을 차단함으로써 그 기억을 탈낭만화한다는 사실일 것이다. 그의 시들에서 불행의 기억은 휘발되는 냉소와 유머러스한 말놀이로 나타나곤 한다. "생의 울음과 분노와 슬픔을 감추"(려)는 표정도 여기에서 한 얼굴을 얻게 될 것임은 물론이다. 그의 시를 개인적 생의 경험을 근거로 하면서도 주체의 경험을 주관화하는 경향의 전통적 서정시라고만 하기도 어렵고, 그렇다고 사물의 존재론적 정황 그 자체에 몰두하는 모더니즘 경향의 시라고만 말하기도 어려운 까닭이 여기에 있다. 우리 시단에서 최정례의 스타일이 차지하는 독특한 자리도 여기에 있다고 해야 할 것이다.

주목할 점은 이 스타일이 오랫동안 반복되고 여러 방식으로 변주되어왔다는 점이다. 그리고 '최정례 식 시치미 떼기' 표정의 이면 역시 사라지지 않는다는 사실이다. 반복되고 변주되어온 것이 있다면, 그것은 그 표정의 이면, 개인적 상처와 불행의 기억일 것이다. 오래된 날들 속의 한 순간, 피붙이에 관한 어떤 남루한 기억들, "스무 살 새파란 잎 기억의 헛간 속에서 그 주소는 왜 사라져주지 않는 것일까"(『레바논 감정』, 「태양의 잎사귀들」, 문학과지성사, 2006). 무엇보다도 그의 시집에서 도드라지게 반복되는 '옛 애인'에 대한 기억과 그것에서 묻어나는 가벼운 배신감 또한 그렇다.

예컨대 화자의 불행과는 전혀 상관없어 보이는 "흥남 부두는 노래 속에서 내"리지만, 대중가요의 한 소절을 통해, 공동체적 기억의 일부로서 회화적으로 변형된 "눈보라의 아우성 속에서 엄마아, 꽝 터지는 폭탄 속에서 금순이는"(위의 책, 「눈발 획획」), 실은 그의 시에서 종종 등장하던 유년의 어떤 암화(暗畵)에 대한 픽션으로 볼 소지가 있다(저 "엄마아"라고 외치는 목소리가 환기하고 있는 물질성에 주목해보자). 텔레비전에도 화투장에도 심지어는 과일 가게에 쌓인 수박이나 하늘의 구름, 서로 다른 곳을 쳐다보고 있는 한 가지 위의 나뭇잎에 이르기까지 도처에서 나타나고 연상되는 '연애'라는 사건은 또 어떠한가. 오토바이가 화환을 싣고 가는 현실의 거리가 "그와 나 사이에 사무쳤던 거리로"(위의 책, 「달려가는 꽃나무」) 이어지는 저 장면을 보라.

그러므로 최현식이 최정례 시의 최대 관심사가 "기억과 시간"(위의 책, 해설 「시간의 주름과 존재의 착색」)에 있다고 요약했을 때, 이것은 그 반복과 변주가 실은 '트라우마적 글쓰기'의 일종일 수 있다는 사실을 암시한다(시적 주체가 이 트라우마적 상황을 별일 아니라는 듯이 딴청 부린다고 한들, 이러한 주체의 태도가 상황의 본질을 해소하는 것은 아니다). 그런 점에서 그의 시계는 항상 거꾸로 돌기를 반복하는 시계였다고 할 수 있다. 그의 시 전반에 자리하는 시적 공간의 연원이 '과거'라는 시간성에 있다는 사실을 발견하는 일은 어려운 일이 아니다. "거울 속에 거울 속에 거

울 속에 거울 속에/갇힌 것처럼/다른 생의/언젠가 아득한 곳에서도/이런 똑같은 풍경 속에 잠겨"(『햇빛 속에 호랑이』,「거울 속에 거울 거울 거울」) 있다는 점에서, 시인에게 현재는 지난 시간의 무한 도돌이표다. 시계 침은 앞으로 가면서 새로운 시공간을 펼쳐내는 것이 아니라, 거꾸로 돌기를 반복하면서 시적 주체로 하여금 "똑같은 풍경"을 마주하게 한다(대개 이 풍경은 트라우마적 지점을 내포한다). 시력이 20여 년에 이르는 시간 동안 네 권의 시집들에서 딱히 '미래'라고 불릴 만한 시공간이 거의 발견되지 않는다는 사실은 이에 대한 유력한 증거다. 시인에게 미래라는 시간성은 닫혀 있었다고도 볼 수 있는 것이다. 이렇게 볼 때, 그의 바로 이전 시집 『레바논 감정』이「개구리 메뚜기 말똥구리야」라는 시로 끝난다는 사실은 흥미롭다. 이것은 지금까지의 시적 궤적과 비교하여 뚜렷한 차이를 보여주기 때문이다. 여기서 주목할 점은 최정례 시에서는 매우 이례적인 시계 침의 방향이다.

> 철조망에 싹이 나고 잎이 날 때까지
> 꽃 피고 꽃 지고
> 빔나무에 주렁주렁 수박 덩이가 매달릴 때까지
> 복사씨도 살구씨도 미쳐 날뛸 때까지
> 가자
> 말똥을 굴리며 굴리며

으으 개구리 메뚜기 말똥구리야
세간에 세간에 출세 간에
그 너머로 우리
말똥을 소똥을 굴리며 가자
　　　　　——「개구리 메뚜기 말똥구리야」 부분

"지기 위해 만개했었다"(위의 책, 「첩첩의 꽃」)고까지 얘기하던 화자는 이 시에서 이례적으로 "철조망에 싹이 나고 잎이 날 때까지/꽃 피고" "복사씨도 살구씨도 미쳐 날뛸 때"를 소망하고 의지한다. 여전히 능청스러운 말투와 표정이지만, 반복적으로 마주하고 그럼으로써 벗어날 수 없었던 상처와 냉소적 풍경은 새로운 시간에 대한 기대와 의지로 충만하다. 화자가 의지하는 시계의 방향은 왼쪽이 아니라 오른쪽으로 역전된 미래다. 세간이 아니라 "출세 간에/그 너머로"다. 그의 시에 다른 시적 전망이 나타난 것일까. 최정례의 신작 시집 『캥거루는 캥거루고 나는 나인데』에는 이 시에 나타난 시계의 방향과 관련한 모종의 수상한 기미가 본격적으로 나타나기 시작한다. 그의 다섯번째 시집은 바로 이 지점에서 출발한다.

지워진 주소와 고양이 눈알 속의 호랑이

고양이가 자라서 호랑이가 되는 것은 아니지만
장미 열매 속에
교태스러운 꽃잎과 사나운 가시를 감추었듯이
고양이 속에는 호랑이가 있다
작게 말아 구긴 꽃잎같이 오므린 빨간 혀 속에
현기증 나는 노란 눈알 속에

달빛은 충실하게 수세기를 흘러내렸을 것이고

고양이는 은빛 잠 속에서
이빨을 갈고 발톱을 뜯으며
짐승 속의 피와 야성을
쓰다듬고 쓰다듬었을 것이고

자기 본래의 어두운 시간을 가만히 바라보는 것처럼
고양이,
눈 속에 살구빛 호랑이 눈알을 굴리고 있다
독수리가 앉았다 날아가버린 한 그루 살구나무처럼
      ——「호랑이는 고양이과다」 전문

고양이의 "오므린 빨간 혀 속에" "현기증 나는 노란 눈알 속에" 들어 있는 저 '호랑이'라는 존재는 무엇인가. "이빨을 갈고 발톱을 뜯으며/짐승 속의 피와 야성"으로 표현되는 그것은, 화자의 관점에 따르면 "자기 본래의 어두운 시간"이다. 그것은 고양이라는 현재에 속하되, 아직 발현되지 않은 고양이의 가능성(본성)이다. 호랑이라는 가능성은 그러므로 현재에 틈입한 미래다. 주목할 점은 "고양이 속에는 호랑이가 **있다**"라는 언술에서 나타나듯이, 화자에게 이 새로운 가능성은 심리적인 차원에서 '지금 여기' 이미 도래해 있다는 사실이다. 지금까지의 시에서와는 달리 이 가능성(잠재성)의 실현은 현재에서 과거로 되돌아가면서 마주한 "똑같은 풍경"이 아니라, 화자의 시적 예감을 통해 현재 시각에서 선취된 '도래할(한)' 시간성이다. 이 점은 최정례의 절창 중 하나인 세번째 시집의 표제작 「햇빛 속에 호랑이」의 '호랑이'가 과거 가족사의 내력과 관련된 시적 이미지라는 점과 비교해도 분명한 차이를 드러낸다. 이러한 시간 구조 속에서 화자는 더 이상 시치미를 떼지도 않으며 천연덕스러운 표정을 짓지도 않는다. 이 시간에는 더 이상 표정 뒤에 숨겨야 할 트라우마도 보이지 않는다.

그렇다면 이번 시집의 변화는 시인의 시에 전면적으로 새로운 시간이 열리고 있음을 알려주고 있는 것일까. 결론부터 얘기하자면 아마 전면적이라고는 말할 수 없을 것이다. 이 시집의 마지막 시 「홍수 뒤」가 또 다시 "내가 살던 옛집으로 당신이 찾아"온 꿈 얘기로 끝나는 것을 봐도 알

수 있다. 그런데 여기서 다시 한 번 눈여겨볼 점은 이 시 속의 꿈이 종전처럼 단지 거꾸로 가는 시계의 재등장을 의미하는 것이 아니라는 사실이다. 이 시의 마지막 두 연은 이렇게 끝난다.

> 돼지가 지붕을 타고 떠내려갔어요
> 오래전 얘기지요
> 제발 부탁인데
> 지금 어디야? 그런 것 묻지 말고
> 내버려두세요
> 하류로 하류로 떠내려갔으니
>
> 다음 생엔 당신이 시를 써요
> 당신이 떠내려가며 꿀꿀거려요
> 그 집은 팔아버렸고 주소도 사라졌어요
> ──「홍수 뒤」 부분

확실히 이 장면은 예전과는 다르다. '나'의 시계는 여전히 과거를 향하지만, 여기에서 우리는 과거와의 결별을 시도하려는 화자의 어떤 안간힘을 볼 수 있기 때문이다. "그 집은 팔아버렸고" 그러므로 그동안 '당신'이 집요하게 찾아온 '나의 "옛집"' "주소도 사라"져버렸다. 이 주소의 '소멸'을 똑같은 풍경(주소)의 이면, 즉 시인의 트라우마적 시간에 나타난 다른 기미로 볼 수 있지 않을까. 시인은 이전에 주소가 사라져주지 않는다고 반문하지 않았던가. 시간의 역전 가능성은 '꿈' 이미지에서도 나타난다.

>꿈의 계곡 자갈돌 옆에
>반짝이는 구슬이 있었다
>주우면 그 구슬 아래 그 아래
>다 줍지 못했는데 반짝이며 굴러갔다
>
>무엇 때문인지 눈이 내렸고
>무엇 때문인지 그가 왔다 갔다
>
>운동화 끈 하나 제대로 못 매니?
>신발 끈을 묶어주던 손
>아득한 계곡 속에 낯익은 손이
>사라진 구슬들을 굴리고 있었다
>
>생시처럼 왔다 갔다
>한밤중에 깨어나
>생각해보니 그렇다
>눈인지 흰 꽃잎인지 흩날렸다
>
>———「도둑들」 부분

서정적 이미지로 나타난 이 꿈의 풍경은 어떤 시간에 속해 있는가. "반짝이는 구슬"이 꿈속 풍경에 주요한 요소를 이루지만, 그동안의 시적 여정에서 볼 때 더 주목할 점은 "무엇 때문인지" 왔다 간 "그" "신발 끈을 묶어주던 손"의 존재다. 꿈의 "아득한 계곡 속에" 나타난 이 "낯익은 손"은 "사라진 구슬들을 굴리고 있었다". 지금까지 나타나던 '그'가 냉소의 대상이자 오래도록 사그라지지 않는 반복된 배신감의 대상이었다고 한다면, 사라진 구슬들을 굴리고, 신발 끈을 묶어주는 저 꿈속 '그'의 존재는 따뜻한 이미지로 나타난다. 그러나 이 시를 꿈속의 '그'와 시적 주체의 화해를 보여주는 시라고 해석하는 일은 성급한 일일 것이다. 하지만 지금까지와는 다른 이 꿈의 이미지를 통해, 우리는 주체의 시간이 과거의 시간과는 다른 방향으로 이동 중이라는 사실을 짐작할 수 있다. "눈인지 흰 꽃잎인지 흩날"린 이 꿈의 시간은 트라우마적 시간으로부터의 벗어남과 아직 오지 않은 다른 시간에 대한 시적 주체의 욕망을 분명히 담고 있기 때문이다. 욕망은 아직 가보지 않은 시간에 미리 가닿은 육체의 벡터라는 점에서, 지금 여기의 육체가 담지하고 있는 미래, 이미 "생시처럼 왔다" 간 도래할 시간성이라고 해야 마땅하다. "영원한 휴가를 얻은 듯/매달린 열매들을 둥글게 익혀갈" "8월의 햇빛" 속에서 "미래에서 보내온 엽서"(「영원한 휴일」)를 보는 것도 같은 맥락이다.

캄캄한 그 어디에서 불쑥 날아온 사물들

시인의 시계의 역전 가능성과 관련하여 이번 시집에서 특히 눈여겨볼 부분은, 도처에서 불쑥불쑥 출현하는 낯선 사물들과 시적 주체의 삶의 시공간을 어리둥절하게 하는 일상의 기이한 해프닝들이다.

> 물고기라기보다는 다른 세계에서 잘못 온 짐승 같았다. 열 명의 남자들이 줄줄이 서서 한 마리 산갈치를 서핑 보드를 끌어안듯 안고 있었다. 내가 잠깐 다른 세상에서 깨어난 것일까? 한밤중에 깨어 모니터를 본 것인데 산갈치라니. 그의 눈은 죽어서도 고요하게 깊은 산을 바라보고 있다 [······] 심해의 칠흑 같은 밤, 나는 기다란 것에 불합리한 공포심을 가지고 있다. 기다란 밧줄, 기다란 머리카락, 기다란 철로길 그리고 오늘 이십 미터가 넘는 산갈치. 그런데 슬플 것도 없는 이것들이 뭐가 이렇게 슬픈가. 느닷없이 산갈치가 나타나고 이틀 후 거대한 쓰나미가 왔다고 한다.
> ——「산갈치」 부분

> 오늘 작가회의로부터 이상한 문자를 받았다. *시인 최정례 부음 목동병원 영안실 203호 발인 30일.* 평소에도 늘 받아보던 문자다. 그런데 아는 사람이었고 내 이름이었다 [······]

친구들에게 전화해서 살아 있다고 말할까 하다 그만두었다.
친구들은 바쁘고 헛소리는 들어주지도 않는다. 나는 그냥
앉아서 지금은 사라졌다는 병깍 호수만 그려보고 있다.

—「병깍 호수」 부분

 이 시들은 이번 시집의 성격을 단적으로 보여주는 시적
에피소드들이다. 간밤에 모니터로 목격한 산갈치는 "다른
세계에서 잘못 온 짐승" 같아 보인다. "느닷없이 산갈치가
나타나고 이틀 후 거대한 쓰나미"가 찾아오는 일은 또 어
떠한가. "산갈치"나 그것이 부른 "쓰나미"는 시인의 일상
에 불쑥 틈입한 타자다. 그것은 과거를 향하는 시계를 통
해 지금까지 마주했던 '똑같은 장면'이 아니다. 그것은 일
상, 과거의 반복으로서의 현재라는 최정례 식 기지(既知)
의 시공간이 자신의 생각처럼 그렇게 확실한 것이 아닐 수
도 있다는 불안을 유발한다. "심해의 칠흑 같은 밤"이라는
이미지, "기다란 것에 불합리한 공포심"은 '산갈치'에 대한
공포심이 아니다. 그것은 기지의 시간으로서의 현실이라
는 존재 지반이 갑자기 불확실해지는 것에 대해 느끼는 '불
안'이다. 불안은 주체가 그 자신이 마주하고 있는 대상을
확인할 수 없다는 사실에서 유발되는 감정이다. "심해의
칠흑 같은 밤"은 불안의 존재론적 지위에 부합한다. 따라
서 이 "불합리한 공포심"은 어딘가에 아직 '내'가 알지 못
하는 시간이 (남아) 있다는 사실에 대한 '나'의 부지불식간

의 자각과 관련이 있다. 시인에게 느닷없이 도착한 자신의 부고를 알리는 "이상한 문자" 역시 마찬가지다. 자신은 여기에 현존해 있으나, 스스로 자신의 현존을 세상에 알리지 않으면 안 되는 이 '이상한' 해프닝은, 불현듯 현존의 시간 자체가 자명하지 않을 수도 있다는 생각을 유발한다. 이러한 에피소드들은 이번 시집 곳곳에 나타난다.

예컨대 출장지의 호텔에 갑자기 걸려온 전화는 알리지도 않은 '나'의 행적을 이미 알고서 불쑥 "*당신 혼자 있는 거야?*"라고 묻고, '나'는 "아보카도의 둥그런 씨가 해골 같은 자신의 껍데기를 바라보고" 있는 혼자만의 호텔 방에서, "*잠자는 나를 깨워놓고는, 어찌어찌하다 내가 당신 곁에 오게 되었는데, 이렇게 되기까지 저쪽 세상에서 얼마나 오랫동안 캄캄했는지 알아?*"(「아보카도 씨」)라는 누군가의 뜬금없는 소리를 듣는다. "*저쪽 세상*"에서 이국의 호텔 방으로 불쑥 걸려온 이 전화나 해골 같은 아보카도의 둥그런 씨는 "심해의 칠흑 같은 밤"에 느닷없이 나타난 "산갈치"나 내 스스로의 현존을 의심하게 하는 '이상한 문자'와 다른 것이 아니다. 그것은 어딘가에 내가 마주하지 못한 풍경, 다른 시간이 존재한다는 사실을 '나'에게 알리는 사물들이다. 여기서 예감되는 것은 다른 현실들, 주체가 모르는 다른 시간들이다. "어디 멀리서 온 것처럼" 핀 "복사꽃"도 그렇다.

어디 멀리서 온 것처럼

복사꽃이 피었다

화투장의 그림같이
아니, 그곳엔 꽃 피는 숲도 없고
새도 소리쳐 울지 않는다

캄캄한 그 어디에서 갑자기 솟아난 꽃나무

이 세상에 아무도 없을
최후의 날에
혼자 서 있는 꽃나무처럼   ——「캄캄한 그 어디」 부분

 복사꽃은 어디서 왔는가. 화자에 따르면 "어디 멀리서"다. 그곳의 이미지는 "캄캄한 그 어디"로 표현된다. "캄캄한 그 어디"의 꽃은 그저 여기에서 피어나는 것이 아니라 "갑자기 솟아난"다. 그것은 어떤 공간적 단절, 시간적 전이로 읽힌다. 흥미로운 점은 이 꽃이 "이 세상에 아무도 없을/최후의 날", 즉 과거에서 온 꽃이 아니라, 아직 오지 않은 시간의 차원에서 날아와 이곳에 돌출한 꽃이라는 사실이다. "내일을 산 적은 없지만" 이상한 "꿈이 현실과 스윙 댄스를 추는 것"(「스윙 댄스」), 이것이야말로 이번 시집의 핵심 이미지인 것이다. 여기서 궁극적으로 의심스러워지는 것은 낯선 사물들과 일상의 해프닝이 돌출하고 있는

현재라는 시간성 그 자체다.

> 멀리 학교가 보인다
> 교문이 있고 운동장이 있고 교실이 있다
> 아이들이 보이지 않는다
> 이상하다
>
> 며칠 전에는 취직이 되었다고
> 남쪽 어딘가로 기차를 타고 가는데
> 잘못 탔다고도 하고
> 이미 지나갔다고도 하고
> 그런 역은 이 세상에 없다고도 하는
> 꿈을 꾸었다
>
> 상록수, 반월, 대야미, 수리산
> 역의 이름들이 꾸는 꿈은 허황, 찬란하고
> 누구인가, 쉬지 않고 바퀴를 돌리게 하는 자는
> ——「창문들」 부분

"멀리 학교가 보"이지만 "아이들이 보이지 않는" 이곳은 어디인가. 현실의 시간에 자명한 생존의 지반을 갖고("취직이 되었다") 명확한 삶의 행선지를 선택했다고("남쪽 어딘가로 기차를 타고 가는데") 생각했으나, "그런 역은

이 세상에 없다". 그러나 이것은 정말 '꿈'일까. 오히려 "상록수, 반월, 대야미, 수리산" 같은 "역의 이름들이 꾸는 꿈은 허황, 찬란"하지 않은가. 그러므로 이런 시가 야기하는 시적 효과는 역설적이다. 현실과 꿈이 명백히 나뉘어져 있는 것이 아니라, 이질적 시간들의 뒤섞임 속에서 이미 "현실이지만 꿈 같은 장면"(「바람둥이가 내 귀에」) 안에서 사는 게 아닌가 하는 돌연한 의문을 산출하게 하니 말이다. 고양이 눈 속에 들어 있는 호랑이가 이미 현재에 내재해 있는 미래를 통해 현재의 고유한 잠재성을 현시한다면, 현재로 불쑥 날아든 낯선 사물들과 현재의 역들이 꾸는 허황한 꿈은 부정태의 형상으로 자명한 '현실'에 대한 의문을 촉발한다. 여기서 현시되는 것은 데자뷔로서의 현실이 아니라, 현실 그 내부로 벌려진 불가해한 간극, "심해의 칠흑 같은 밤" "캄캄한 그 어디"이다.

어리둥절한 표정으로 사슴의 뿔을 쓰고

현재를 알리는 시계에 대한 의심이 그 시간성의 지반 위에 거주하는 시적 주체 자신의 정체(성)에 대한 의구심으로 이어지는 것은 당연하다. 그래서 다음과 같은 일상의 에피소드가 펼쳐지기도 하는 것이다. 이 에피소드에는 최정례 시의 일반적 에피소드와는 상당히 이질적인 지점을 내포되어 있기도 하다.

나는 개를 키우지 않는다. 개를 좋아하는 것도 아니다. 나는 7층에 산다. 엘리베이터를 타고 내려가면 문이 자동으로 열리는 아파트에 산다. 나는 왜 이렇게 사는지 모른다. 며칠 전에는 아파트 현관을 나서는데 느닷없이 커다란 개가 내 앞에 나타났다. 한참 나를 쳐다보더니, 아파트 마당을 펄쩍펄쩍 뛰었다. 난 개들의 표정을 읽지 못한다. 배가 고프다는 뜻인지 반갑다는 뜻인지 화가 났다는 뜻인지.

[……]

그 개가 햇빛 속에서 마당을 몇 바퀴 돌다가 사려졌다. 아득한 끝, 먼지 속에서 자라나던 덤불이 느닷없이 사라지는 풍경을, 갑작스런 선을 긋고 사라지는 별똥별을 떠올렸다. 어떤 것들은 제 궤도만을 하염없이 맴돌고, 어떤 것들은 느닷없이 궤도를 이탈하여 타버린다

나는 그 개를 기다린다. 먹을 것을 주며 말을 걸어보리라. 그러나 이제 그 개가 나타나지 않는다. 나는 그 개가 말을 하는 것을 상상한다. *이상해, 어떻게 아무것도 모를 수가 있지? 난 모든 것을 기억하는데.* 나는 그 개의 눈을 보며 말해본다. *나는 어디에서 왔니? 그리고 나는 지금 누구니?* 그리

고 너는 누구한테 버림받았지? 그러나 내가 하는 말은 이상하다. 내가 이해할 수 없는 말이다. 왈왈왈 왈왈 개의 말이 되어 튀어나온다. 대답은 돌아오지 않는다.

—「떠돌이 개」 부분

"엘리베이터를 타고 내려가면 문이 자동으로 열리는 아파트"는 그 자체로 자동화된 일상의 한 편린이다. 그것은 이 편린이 반복되는 풍경이라는 뜻이며, 더는 새로운 시간이 남아 있지 않은 풍경이라는 뜻이기도 하다. 주체의 입장에서 보면, 이 풍경은 소망이 실종되고 기대가 제거되었으며, 욕망이 소멸한 풍경이다. 그는 풍경을 희화하거나 논평할 수는 있되 그것을 적극적으로 재구성하지는 않는다(못한다). 이런 점에서 반복되는 풍경이란 곧 주체가 의지하지 않는 풍경이라고 말할 수도 있겠다. 어떤 의미에서 지금까지 최정례의 기억을 이루는 풍경들은 이런 맥락에 서 있는 풍경이었다고도 할 수 있지 않을까. 그것은 1인칭의 체험을 기반으로 하되, 전적으로 1인칭에만 속하는 풍경이라고 하기는 어렵다. 화자는 풍경의 중핵으로 들어가 외상적 지점을 관통하고 해체하기보다는 그 주변을 부단히 선회하고 미끄러져 나가는 식으로 운동하기 때문이다.

이런 점에서 확실히 이 시에서 주목하게 되는 것은, 저 사라진 개가 아니라 "그 개를 기다린다. 먹을 것을 주며 말을 걸어보리라" 하는 시적 주체의 태도 변화다. "어떤 것들은 제 궤도만을 하염없이 맴돌고, 어떤 것들은 느닷없이 궤도를 이탈하여 타버린다"는 사실이 그동안 시인이 거꾸로 도는 시계 속에서 관조한 '똑같은 풍경'에 해당한다면, 개에게 말을 거는 주체의 풍경은 풍경의 구도에 개입하는 태도라는 점에서 다르다. 이 지점은 '1+3인칭 주체'에서 '욕망하는 1인칭 주체'로의 전환을 보여주는 기미이다. 여기에서 주체의 외상적 지점을 관통하면서 스스로 자신의 존재를 문제 삼는 저 질문이 출현한다. "*나는 어디에서 왔니? 그리고 나는 지금 누구니? 그리고 너는 누구한테 버림받았지?*"("어디서 왔는가?/넌 어디서?", 「잠의 들판으로」) 물론 이 질문에 대한 "대답은 돌아오지 않는다". "이제 그 개가 나타나지 않는다". 내가 던지는 질문 자체가 "왈왈왈 왈왈 개의 말이 되어 튀어나"오기도 한다. 그러나 중요한 것은 대답이 아니라 질문이, (1+3인칭의) '시치미 떼고 논평하는 주체'가 아니라 (1인칭의) '욕망하는 주체'가 출현했다는 사실, 바로 그것이다.

이런 점에서 이 시집에서 화자가 자주 짓는 '어리둥절'한 표정은 국지적 맥락에서 돌출하는 우연한 표정이라고 하기 어렵다. 그것은 1+3인칭의 시점으로 마주하던 풍경의 반복성을 더 수긍하지 못하는 주체의 존재론적 선회 지점을 표시한다는 점에서, 지금까지의 그 능청스러운 표정과는 차원이 다른 것이기 때문이다.

이 향기는 어디서 날아온 것인지 갑자기 가로수로 내달려 오렌지를 주렁주렁 매달리게 한다. 꽃송이를 들어 한 잎 두 잎 꽃잎을 날린다. 우연이 필연과 엉겨 기침을 했고, 그 순간이 무언가의 시작이었다는 듯이, 카발레리아 루스티카나, 어찌하여 롤라는 투리두를 잊지 못했고 어찌하여 산투차는 질투에 눈멀게 되었을까. 사랑과 배신 치정과 복수, 피가 뚝뚝 떨어져 땅에 스며들었고, 이야기는 갈대 순처럼 무성하게 허공으로 손을 뻗친다.

잃어버린 주민등록증을 찾으러 가는데 신호등 앞에서 가슴에 띠를 두른 교회 여자들이 부활절 삶은 달걀을 내민다. 입주금만 내고 프라임빌라에서 꽃을 가꾸고 삽살개를 키우며 *사세요*라고 플래카드가 펄럭인다. 예쁜 여자애가 이어폰을 꽂고 걸어가면서, *그래 여섯 시에 거기에서 만나.* 허공에 대고 말한다. 그는 누구인가, 그 향기는, 그 목소리는 날아간다. 버스를 타고 택시를 타고 날개에 올라 지붕과 지붕, 신호등과 다리, 숲을 지나 호수, 호수에 주저앉아
　다 잊어버리고 만다. 거기서 살아간다 어리둥절. 그 나라는 가로수가 오렌지나무래, 걸어가다가 손을 뻗쳐 따 먹을 수도 있대, 그래 거기서 만나.
　　　　　　　　　　　　　　——「어리둥절」 전문

이 시에는 최정례다운 아이러니가 내포되어 있다. 그러

나 이 아이러니는 그의 시가 드러내는 일반적 경향과는 다르게 시간의 다른 가능성을 향해 열려 있기도 하다. "잃어버린 주민등록증"은 주체의 존재 지반으로서 현재의 실재성에 대한 시적 의문을 표현한다. "잃어버린 주민등록증"을 찾으러 가는 길에 만난 "교회 여자들"의 "부활절 삶은 달걀"이나 "프라임빌라"에서의 삶은 '자동문 아파트'의 그것과 크게 다르지 않을 것이다. 그러나 "예쁜 여자애가 이어폰을 꽂고 걸어가면서, *그래 여섯 시에 거기에서 만나*"라고 말할 때, "거기"는 화자로 하여금 "가로수가 오렌지나무"인 "그 나라"를 떠올리게 한다. "그 나라"는 "그 향기" "그 목소리" "그"의 나라이다. 여기에서 감지되는 것은 화자의 어떤 설렘이며 욕망이다. 하지만 "거기"는 미묘한 아이러니가 감지되는 장소이기도 하다. "오렌지나무"의 향기에는 "갈대 순처럼 무성하게 허공으로 손을 뻗"쳤다는 어떤 불행의 흔적이 스며 있기도 하기 때문이다. 한편 화자가 "거기서 살아간다 어리둥절"하고 말할 때, "거기"는 "예쁜 여자애"가 설렘 속에서 "허공에 대고 말한" "그 향기" "그 목소리" "그 나라"를 "다 잊어버리고" 사는 지금을 뜻한다는 점에서 현재이기도 하다. 그러므로 "거기"는 불행의 기억과 관성적인 존재 지반으로서의 현재와 어떤 기대가 뒤섞인 아이러니적인 공간이다. "어리둥절"은 이 시간성의 교착 상태에서 표출되는 주체의 당혹스러움과 존재론적 아이러니가 노출되는 이 시집 고유의 표정이라고 하겠다. 시계의 방향은 "가로수로 내달려 오렌지를 주렁주렁 매달리게" 하는 "거기"에서 좌우 양방향으로 흔들리고 있다. 그렇다 하더라도 여기에서 확인할 수 있는 사실은 적어도 그의 시계가 더 이상 거꾸로 돌지만은 않는다는 사실이다. 시계의 이 교착 상태에는 욕망하는 자의 어떤 '향기'가 느껴지지 않는가. 다음 시에는 이 시집의 그러한 욕망이 증후적으로 압축되어 있다.

가끔은
나무 뒤에서 사슴이 튀어나오더군
그렇게 말하고 싶었어요

그러나 영
튀어나오지 않으면 어쩌나

그래도 한 번쯤은 튀어나오지 않겠어요

사슴이 튀어나와 어리둥절했고
그 순간
나도 사슴의 뿔을 뒤집어쓰고 있었다구요
무거운 줄은 몰랐어요

정말로 그렇게 말하고 싶었어요   ——「꽃 핀 저쪽」 전문 왜 지금까지 시인의 시계는 거꾸로만 돌았을까. 그것은 '꽃 핀 저쪽'에서 "사슴이 튀어나오"길 바랐지만("그렇게 말하고 싶었어요") "그러나 영/튀어나오지 않으면 어쩌나" 하는 두려움 때문이었을 것이다. 이 두려움이 주체를 얽어맨 상처와 불행의 시간 속에 그 기원을 두고 있을 것임은 물론이다. 시간의 어두운 얼굴에 지독한 화상을 입은 자는 왼쪽으로 도는 시계 침의 반복된 회귀를 통해 매번 동일한 오후의 시간에 다다른다. 능청스러운 표정과 말투로 얼굴의 이면을 감추고 있다고 하여 그의 삶이 다른 시간 축으로 이동하는 것은 아닐 것이다. 시간의 전체를 조망할 수 없는 인간의 유한성의 바탕 위에서 다른 시간은 어떻게 출현할 수 있는 것일까. 지금까지 돌던 시계 침은 어떻게 역전(逆轉)될 수 있는 것일까. 최정례의 이 시는 그 역전의 기미가 "그래도 한 번쯤은 튀어나오지 않겠어요"라는 소박한 기대에의 회복에서 시작될 수 있다는 사실을 보여준다. "그러나 영"에서 "그래도 한 번쯤은"으로 부사적 전환이 일어나는 데에 꼬박 20년이 걸렸다. 그것은 시인의 이 회복된 기대감이 지닌 절실성을 반증한다. "정말로 그렇게 말하고 싶었어요"라는 저 언술은 그러므로 기대이고 소망이자, 욕망의 회복이다.

 블랑쇼는 시인이 희망을 말할 수 있는 방식은 오직 하나라고 말했다. 그것은 희망을 약속하는 것이 아니라, 어떠한 불행과 절망에도 우리는 그것에 결코 만족할 수 없음을 보여주는 일이다. 최정례의 다섯번째 시집에는 특유의 시치미 떼기와 능청스러움이 줄어드는 대신, 시간성의 뒤섞임과 교착 상태가 어리둥절한 표정으로 자주 드러난다. 하지만 동시에 이 표정의 한편에서 각별히 기억해야 할 사실은 (사슴의 뿔이) "무거운 줄은 몰랐어요" "정말로 그렇게 말하고 싶었어요"라는 저 목소리의 간절함이 출현했다는 사실이다. 이 목소리가 시가 희망을 말하는 유일한 방식인지는 모르겠으나, 적어도 이것이 시가 희망을 말하는 고유한 방식에 속한다는 것만은 분명하다. 이 목소리의 진정한 주체는 한번 출현하기만 하면 기어코 오른편으로 시계의 방향을 돌리면서 나아가는 '욕망'이기 때문이다. 욕망의 벡터는 여기의 대상이 아니라 "거기"의 사물을 향한다. 이 시의 "사슴"은 왼쪽으로 돌아가는 시계를 통해서는 만날 수 없는 존재라는 점에서, 지금까지 그의 시가 마주한 시간성에 속해 있지 않은 사물이다. 희망은 대상의 소유에 대한 확신이 아니라, 욕망이 미리 가닿은 미래라는 의미에서만 희망이다. 그런 점에서 미래는 '꽃 핀 저쪽'이 아니라, 욕망의 고유한 형식을 통해 이미 여기에 도래해 있다고 해야 할 것이다. 사슴을 욕망하는 "그 순간", 이미 지금 여기의 "나도 사슴의 뿔을 뒤집어쓰고 있"지 않은가.